Klaus Engel

Das Neue Bewusstsein

Entwicklungsmöglichkeiten für alle Menschen

vianova
Verlag Via Nova

Klaus Engel

Das Neue Bewusstsein

Entwicklungsmöglichkeiten für alle Menschen

vianova
Verlag Via Nova

1. Auflage 2007
Verlag Via Nova, Alte Landstraße 12, 36100 Petersberg
Telefon: (06 61) 6 29 73
Fax: (06 61) 9 67 95 60
E-Mail: info@verlag-vianova.de
Internet:
www.verlag-vianova.de
www.transpersonal.com

Umschlag: Marketing Design Service GmbH, Hamburg
Satz: typo-service kliem, 97647 Neustädtles
Druck und Verarbeitung: Fuldaer Verlagsanstalt, 36037 Fulda

ISBN 978-3-86616-058-3

Inhaltsverzeichnis

Einleitung

Das Neue Bewusstsein stellt eine Entwicklungsmöglichkeit des Menschen dar. Wir möchten es in seinen Bereichen und Entstehungsformen beschreiben. Eingebettet in den Prozess der Evolution, der in seinen wesentlichen Bereichen kurz skizziert und als grundlegendes theoretisches Konzept betrachtet wird, hat der Mensch Möglichkeiten, den Entwicklungsprozess weiter voranzubringen. Als wesentliche Hilfe auf den Wegen zur Realisierung dieser Möglichkeiten werden subjektiv erlebbare Bereiche, als Attraktoren bezeichnet, herausgearbeitet. Erst wenn etwas anziehend, attraktiv ist, sind auch die Schwierigkeiten zu überwinden, die – wie bei jedem Entwicklungsprozess – sich auch bei der Entfaltung des Neuen Bewusstseins ergeben. Einige Menschen, deren Leben und Werk wir darstellen, haben dieses neu aufkommende Bewusstsein besonders deutlich beschrieben. Den inneren Attraktoren entsprechen die äußeren Motivatoren, Menschen, die das Potential, die peak experiences, verwirklicht haben. Besonders überzeugende Beispiele der Realisierung halten uns von außen auf dem Weg. Innerlich angezogen, von außen motiviert, kommt es für die praktische Umsetzung auf konkrete Übungen an. Zwei traditionelle Ansätze (Yoga und Zen) werden beschrieben, danach ein eigener Vorschlag formuliert, der dem Grundsatz folgt: einfach und wiederholbar; – und den Weg als Weg belässt und das Ziel als Ziel, ähnlich einer Bergwanderung, bei der wir uns am Weg erfreuen, ohne das Ziel, den Berggipfel, aus den Augen zu verlieren.

1. Die Gesamtevolution

1.1 Die Evolution des Kosmos

Jede Zeit versucht den Erkenntnisstand und das bislang gesammelte Wissen in zentrale Hypothesen und Theorien zusammenzufassen. Die Philosophiegeschichte gibt einen Überblick über die jeweiligen Annahmen einer bestimmten Zeit bzw. Kultur. Diese Annahmen zeigen uns, dass wir es nicht mit ewigen Wahrheiten, sondern Deutungsversuchen – um ein anderes Wort für Hypothesen und Theorien zu verwenden – der gemachten Erfahrungen zu tun haben. Ein wesentlicher Ansatz, unser umfangreiches Wissen physikalischer, biologischer, sozialer und geistig-seelischer Phänomene zu erfassen, sind Entwicklungstheorien. Die Theorie der Evolution scheint sich zu einem zentralen Konzept unserer Zeit auszuweiten mit der Tendenz, alle großen Wissensbereiche zu integrieren.

Wir möchten mit dem physikalischen Makrokosmos beginnen, den derzeitigen Stand der kosmischen Evolutionstheorie skizzieren und folgen dabei im Wesentlichen Stegmüller ('87), ausführlicher Unsöld ('81), für die Integration jüngst beobachteter Phänomene z. B. Kanitscheider ('02).

Seit einigen Jahrzehnten werden die Einzelbeobachtungen in den verschiedenen Gebieten der Astrophysik so zusammengefasst, dass der Kosmos als Ganzes betrachtet werden kann, also eine Kosmologie möglich ist. Physikalische Einzelphänomene sollen hier nur am Rande gestreift werden, so interessant sie auch sein mögen, nur insoweit, als ihre Erwähnung für die zentralen Theorien notwendig ist.

Die Befunde der Rotverschiebung (Licht von sich entfernenden Quellen verschiebt sich in den Rotbereich) trugen wesentlich zur Vorstellung eines sich ausdehnenden, expandierenden Weltalls bei. Der Anfang dieser Expansion wurde Urknall genannt und die Zeitspanne seit diesem Anfang mit 12 bis 15 Milliarden Lichtjahren berechnet. Ob etwas vor diesem Anfang war, wissen wir nicht und werden wir möglicherweise empirisch nie wissen. Vor allem aber wissen wir nicht, warum es geknallt hat. Alle Erfahrungen, die wir auf irgendeinem Feld machen, zeigen, dass nichts ohne Grund entsteht und beginnt – wenn eine Entwicklung startet, gibt es Gründe dafür. Die zentrale Frage aber: „Warum ist überhaupt Seiendes (besser würden wir sagen „Werden") und nicht vielmehr nichts?" können wir nicht beantworten. Idealer Nährboden für Zusatzannahmen – immer wenn die Naturwissenschaft eine Lücke lässt, wird diese mit der Annahme geschlossen, da müsse irgendetwas dahinter stehen. Dies zeigt, dass wir Lücken schlecht vertragen und sie mit irgendetwas auszufüllen suchen. Wir lassen hier die Lücken zunächst auf sich beruhen und wenden uns dem Werden zu. Dieses allerdings ist gewaltig; innerhalb von Bruchteilen einer Sekunde entsteht – explodiert – ein ganzer Kosmos. Die Theorie des ungeheueren Anfangsblitzes (Urknall) wurde durch weitere Befunde gestützt, etwa der aus allen Richtungen gleichzeitig kommenden Strahlung (Kelvin-Strahlung), die nicht nur die Zeitspanne des expandierenden Kosmos, sondern auch mit etwa 10 Milliarden Grad die Anfangstemperatur dieses Urblitzes abschätzen ließ. Damit festigte sich die Annahme eines werdenden, dynamischen Kosmos gegenüber der Vorstellung von einem statischen Gebilde.

Wie hat sich nun die aus der anfänglichen Explosion herausgeschleuderte Materie organisiert, so dass sich heute beobachtbare Galaxien, Fixsterne (Sonnen) und Planeten bildeten?

Die Entwicklungsgeschichte der Galaxien wird ähnlich beschrieben wie die der Fixsterne, auf die wir zurückkommen; da der Beginn der Organisation der Galaxien aber in eine noch frühere Phase des Weltalls datiert wird, möchten wir zunächst auf diese strukturell unterschiedlichen Systeme eingehen.

Galaxien, Systeme von Sternen und sternähnlichen Gebilden, ordnen sich zu einem Großteil – etwa zwei Drittel – spiralförmig, daher werden sie auch Spiralstrukturen oder Spiralnebel genannt. Ihre Größe variiert erheblich; mittlere enthalten etwa 100 Milliarden Sonnen; kleinere, als Zwerggalaxien bezeichnet, einige Millionen Sterne; sehr kleine – Pygmäen-Galaxien – einige tausend, und sehr große – Riesengalaxien – bis zu 10 Billionen Einzelsterne. Galaxien bilden ihrerseits größere Strukturen, Galaxienhaufen, mit über 10 000 Galaxien. Unsere Milchstraße als Galaxie gehört mit dem benachbarten Andromedanebel – zwei Millionen Lichtjahre entfernt – zu einem solchen Haufen. Ob es Haufen von Haufen gibt, ist vermutet, aber nicht beobachtet worden, mit der besonderen Frage, ob in diesen Unendlichkeiten noch die Gesetze der

Gravitation und die Raum-Zeit-Modelle gelten. Ähnliche Fragen stellen sich zum punktförmigen Anfang – dem Urknall – sowie den schwarzen Löchern, sehr energiedichten Gebilden, zunehmend im Zentrum von Galaxien beobachtet, die zu nahe kommende Materie in sich aufsaugen, gleichsam verschlucken und dafür mit verantwortlich gemacht werden, dass Galaxien zusammengehalten werden und nicht auseinanderfliegen. Die Relativierung bzw. Aufhebung physikalischer Gesetzessysteme – hier insbesondere gruppiert um die bisher nicht zu versöhnenden Ansätze der Relativitätstheorie und der Quantenphysik – halten wir für eine der spannendsten kosmologischen Fragen, die zu neuen Raum-Zeit-Modellen führen und auch den Anfang – den Urknall – neu zur Diskussion stellen mit Fragen, ob nicht auch dieses Ereignis singulär oder als sich wiederholendes Phänomen mit der Möglichkeit von Paralleluniversen zu betrachten ist.

Kommen wir zu den Galaxien zurück. Ihre Entstehung wird durch kollabierende Gasmassen eingeleitet, einen Gravitationssturz, analog den Vorgängen der Sternbildung von Protosternen zu Sternen – auf die wir weiter unten eingehen werden –, so die eine Modellvorstellung (Kollaps-Hypothese). Eine Reihe von Befunden stützen jedoch das Gegenmodell: Nicht durch Kondensation sind Sterne und Galaxien entstanden, sondern umgekehrt durch Explosionen, durch den Übergang von dichteren zu zerstreuteren, von kondensierten zu diffuseren Zuständen. Dies würde auch eher dem Modell der uranfänglichen Explosion des gesamten Universums entsprechen, dem derzeit etwa 14 Milliarden Lichtjahre entfernten Urknall, an den die Satellitenteleskope mit der Erfassung sehr früher Lichtquellen bis auf wenige Millionen Lichtjahre heranreichen.

Neben der unterschiedlichen Größe, der Anzahl der die Galaxie bildenden Fixsterne unterscheiden sich diese Galaxien auch in ihrer Struktur; einerseits Spiralgalaxien (z. B. unsere Milchstraße), andererseits irreguläre bzw. elliptische Galaxien (z. B. die Magellan'sche Wolke). Diese irregulären Galaxien weisen eine geringere Ordnung und weniger Symmetrie auf. Die Spiralarme fehlen ihnen gänzlich, auch der interstellare Staub als Rohmaterial für neue Sternbildungen fehlt. Sie gelten als Sackgassen der Evolution, die nur in den Spiralgalaxien fortgesetzt wird, da in den irregulären Galaxien die Kernfusionsprozesse nicht so weit fortschreiten, dass schwerere Elemente als der ursprünglich bestehende Wasserstoff gebildet werden als Voraussetzung für die weiteren Entwicklungen. Solche Sackgassen werden wir auch in späteren

Evolutionsschritten antreffen; wir kommen bei der Evolution des Lebens auf diese Phänomene zurück. Diese gewaltigen Sackgassen, die ungeheuere „Materialverschwendung", sprechen nicht gerade für eine Zielstrebigkeit der Evolution, die einige Theoretiker annehmen, so, als würde alles auf die Entwicklung des Lebens und des Menschen hinauslaufen. Diese Wünsche werden schon in der Evolution des Kosmos in keiner Weise gestützt.

Wenden wir uns der Entstehung der Sonnen- und sonnenähnlichen Strukturen (Fixsterne) zu – auch wenn bislang unklar bleibt, warum die Astrophysiker die übergreifenden Systeme (Galaxien) als noch älter bezeichnen und wir daher deren Beschreibung vorgezogen haben.

Die derzeitigen Modellvorstellungen zur Entstehung von Sternen gehen davon aus, dass der Ort ihrer Entstehung in auffälligen Verdichtungen interstellaren Gases zu finden ist. Diese Gaswolken, von sehr geringer Dichte, aber großer Ausdehnung, werden als Rohmaterial für die Sternentstehung betrachtet. Das Gleichgewicht solcher Wolken kann gestört werden, etwa durch Massenzufluss, so dass ein kritischer Grenzwert überschritten wird und die Wolkenmassen in Richtung des Wolkenschwerpunktes stürzen, als Gravitationskollaps bezeichnet. Die durch die kollabierenden Massen erzeugte Kompressionswärme wird abgestrahlt. Bei ursprünglich unterschiedlicher Dichte der Gesamtwolke kommt es auch beim Zusammenstürzen zu unterschiedlichen Dichten und damit Fragmentierungen. Das Verhältnis von inneren Gasdruckkräften und Schwerkraft entscheidet über den Fortgang der Fragmentierung. Als Protosterne oder Vorsternkörper werden die kleinsten Fragmente mit einer Lebensdauer von einigen Millionen bis 100 Millionen Jahren und einem Durchmesser von einigen Millionen Sonnenradien bezeichnet. Protosterne befinden sich nicht im Gleichgewicht, sie kollabieren weiter, bis der von innen kommende Gasdruck und das Gewicht der darüber liegenden Schichten zu einem hydrostatischen Gleichgewicht kommen. Der Übergang zum eigentlichen Stern ist gekennzeichnet durch den sich ausbildenden inneren hydrostatischen Kern – etwa ein Prozent der Masse –, während der weitaus größere Teil, die übrigen 99 %, weiter zusammenstürzt, wobei die herabstürzende Materie sich so weit aufheizt, dass die Wassermoleküle in Atome zerfallen. Weiteres Kollabieren und Aufheizen im Zentrum des Gebildes auf etwa 20 Millionen Grad führen zu Kernreaktionen, der Fusion von Wasserstoff zu Helium, dem zentralen Wasserstoffbrennen, einem Zustand, der etwa unserer Sonne entspricht. Diese sehr vereinfachte und grobe Skizzierung der Sternentstehung soll eine Entwicklung beleuchten, die aus Berechnungen der radioaktiven Zerfallsprozesse das Mindestalter der Erde und damit der Sonne auf etwa 4 $^{1}/_{2}$ Milliarden Jahre schätzt. Die erzählende Darstellung kann nicht darüber hinwegtäuschen, dass dieses Gemisch aus astronomischen Beobachtungen, kernphysikalischen Erkenntnissen und spekulativen Annahmen den derzeitigen Stand der Hypothesenbildung über die kosmische Evolution widerspiegelt.

Die geschilderte Entstehung sonnenähnlicher Sterne ist eine Variante. Deutlich massenärmere Zusammenschlüsse erreichen nicht die zu Kernreaktionen notwendigen Temperaturen und werden als schwarze Zwerge, planetenähnliche Sterne, bezeichnet. Für die Entwicklung massenreicherer Sterne – mehr als 20 Sonnenmassen – werden neben den Kernfusionsprozessen weitere Gravitations- und Rotationsprozesse verantwortlich gemacht. Die Dauer der Kernfusionsprozesse im Innern sonnenähnlicher Sterne wird auf 10 Milliarden Jahre geschätzt – bis es zur nuklearen Eskalation im Innern der Sterne kommt. Die Kernreaktionen des zentralen Wasserstoffbrennens hinterlassen als Endprodukt, gleichsam als Asche, das Helium. Damit brennt das Feuer aber nicht aus, sondern verlagert sich zu den äußeren Schichten, als Wasserstoffschalenbrennen bezeichnet, mit der Folge einer enormen Aufblähung des Sterns, jetzt als roter Riese bezeichnet; ein Schicksal, das die Astrophysiker auch für unsere Sonne voraussagen – aber erst in etwa fünf Milliarden Jahren; Leben oder gar menschliches Leben auf Planeten wird davon nicht betroffen sein, schon lange wird es dies nicht mehr geben. Sind wir damit im Bereich phantastischer und illusionärer Geschichten angekommen? Nicht ganz; die immer weiter entwickelten Methoden der Astro- und Radiophysik, ergänzt durch das weitere Fortschreiten der Erforschung kernphysikalischer Prozesse, gestatten einerseits die Beobachtung von Himmelskörpern in den unterschiedlichsten Entwicklungsstadien, andererseits Berechnungen und Prüfungen von Modellvorstellungen, die dann in Bildern von weißen und schwarzen Zwergen, roten Riesen und ähnlichem gekleidet werden. Die Modelle und Bilder sind also empirisch gestützt, so dass wir die Geschichte weiter erzählen dürfen.

Die Dauer des Wasserstoffschalenbrennens wird auf ein bis zwei Milliarden Jahre geschätzt. Die Gravitation sorgt für weitere Verdichtung, bis die Temperatur im Innern etwa das Zehnfache (200 Millionen Grad) des Ausmaßes erreicht hat, der zu den Wasserstoffkernreaktionen geführt hatte. Dieser starke Temperaturanstieg führt zu Kernreaktionen des Heliums (der Asche des Wasserstoffbrennens), dem Heliumbrennen mit den Endprodukten von Kohlenstoff und Sauerstoff, während gleichzeitig die Wasserstofffusionen der Schalenbereiche weitergehen. Beide Vorgänge werden unter dem Begriff des Zweischalenbrennens zusammengefasst, ein eher kurzlebiger Prozess von etwa 20 Millionen Jahren und einer erneuten riesenhaften Aufblähung des Sternes. Was zum Erlöschen der Schalen führt, wird kontrovers diskutiert: entweder deren Ausbrennen oder Massenverluste durch Abstoßung äußerer Hüllen. Im Innern massenreicherer Sterne geht die nukleare Eskalation weiter. Bei Temperaturen über 700 Millionen Grad fusionieren die Kohlenstoffatome (der Asche des Heliumbrennens); das Kohlenstoffbrennen mit den Endprodukten Neon und Natrium und weiteren Reaktionen, z. B. mit Heliumkernen zu Magnesium bis Silizium; bei etwa einer Milliarde Grad Innentemperatur beginnt auch das Silizium zu fusionieren mit den Endprodukten der Eisengruppe als Asche. Damit scheinen die Energien der Kernfusionsprozesse erschöpft.

Was ist nun das Ende der Geschichte? Von drei verschiedenen Schlussstadien, je nach Größe der Sterne, wird ausgegangen. Das Spätstadium sonnenähnlicher Sterne wird mit dem Bild der weißen Zwerge umschrieben. Möglicherweise kommt es durch weitere Massenverluste, Ausbrennen und Energieabstrahlung nach der Aufblähung zu einem roten Riesen zu starken Schrumpfungsprozessen, deren Endstadium als weißer Zwerg bezeichnet wird. Untersuchungen zu den Druck- und Temperaturverhältnissen an einer großen Anzahl solcher Gebilde zeigen, dass diese voneinander unabhängig sein können – Verhältnisse, die in den sogenannten entarteten Gasen (Fermi Gasen) beobachtet werden. Diese ungewöhnliche Temperaturunabhängigkeit vom Druck hält das System – auch ektronenentartete Sterne genannt – im Gleichgewicht. Wahrscheinlich äußere Einflüsse lassen den Zustand der Weißglut, die den Zwergen den Namen eingebracht hat, über alle Stadien des Glühens endlich in einen Zustand des Verglühens einmünden.

Die beiden anderen möglichen Endstadien von Fixsternen werden über die Beobachtung und Deutung sehr heller, d. h. großer Lichtquellen – der Super-Novae – und pulsierender Lichtquellen – der Pulsare – beschrieben. Massenreichere Sterne als unsere Sonne gehen in einer gewaltigen Explosion zugrunde – der Supernova –, wobei der äußere Teil in den Weltraum abgestoßen wird, während der Rest in einem letalen Gravitationszusammenbruch zu einem ungemein dichten Stern zusammenstürzt, den Neutronensternen, die ein pulsierendes Licht aussenden, das ihnen den Namen Pulsare eingetragen hat. In einem Sieg der Schwerkraft über die elektrischen Kräfte der Atome werden die Elektronen in den Kern hineingedrückt und neutralisieren dort die Protonen, so dass als Endprodukt eine Masse von Neutronen entsteht; ein Brei von ungeheurer Dichte, in dem alle Atomstrukturen verwischt sind. Gleichsam ein einziger Atomkern von etwa 10 km Durchmesser, setzt dieser Elektronenstern riesige Gravitationsenergie frei, die als Super-Nova-Ausbruch beobachtet werden kann. Damit sind die Atome zerstört; im letalen Gravitationszusammenbruch zweiten Grades werden auch die Kerne zerstört. Das endgültige Sterben vollzieht sich, indem der Stern im wahrsten Sinne des Wortes verschwindet; es entsteht ein „black hole“, auch Kollapsar genannt. Ein schwarzes Loch gibt keine Signale mehr nach außen, weder Röntgenstrahlen, noch Radiowellen, noch Lichtimpulse, seine Existenz kann nur indirekt erschlossen werden, wenn jedes irgendwie geartete materielle Gebilde, das in seine Nähe kommt, spurlos verschluckt wird. Das Ende der Geschichte. Auch das Ende der theoretischen Modelle? Die Raumkrümmung wird so stark, dass von sich abschnürenden Raumblasen gesprochen wird; Analogievorstellungen, in denen das Raum-Zeit-Modell versagt. Dennoch lässt sich der Durchmesser eines schwarzen Loches, bezogen auf die Ränder, an denen jede Materie verschwindet, berechnen. Dass dieses schwarze Loch nicht Nichts ist, sondern im Gegenteil die bisher höchste bekannte Konzentration von Materie, wird besser mit dem Ausdruck Kollapsar beschrieben. Würde unser Planet in den beschriebenen Stufen auf einen Kollapsar zusammenstürzen, bliebe nach entsprechenden Modellrechnungen ein Kügelchen von 4,4 mm übrig. Kollapsare, schwarze Löcher, können auch gegenseitig in Beziehung treten, sie sind ja ungeheuere Energiedichten. Die vielen im Zentrum von Galaxien beobachteten schwarzen Löcher können sich gegenseitig anziehen und zu einem schwarzen Riesenloch zusammenschließen; diese werden auch als Quasare geschrieben, ein Phänomen, von dem nicht mehr klar ist, ob es das Ende oder den Anfang des Universums darstellt, also ganz frühe Stadien der Evolution bedeutet. Im Modell vom pulsierenden Weltall wird diese Möglichkeit der bislang größtmöglichen Energiedichte der Kollapsare, der schwarzen Löcher, die wieder explodieren, ein erneuter Urknall, zu fassen versucht. Wir hatten schon darauf hingewiesen, dass die Raum-Zeit-Modelle der Relativitätstheorie für schwarze Löcher nicht mehr anwendbar scheinen; damit werden auch die Postulate einer vergehenden Zeit relativiert – der Zeitpfeil –: Wir spielen auf die Grundaussagen zur Evolution von Wilber an, die wir in Kap. 3 darstellen werden. Ebenso relativiert werden die Hypothesen zur causa finalis, einer Art Endpunkt der Evolution. Die theoretischen Schwierigkeiten dieser Modellaussagen werden wir später erneut aufgreifen.

1.2 Die Evolution des Lebens

Die Theorie zur Evolution des Kosmos versucht Modelle zu entwickeln, die das Werden und die Entwicklung unbelebter Materie verständlich machen sollen. Die Darstellung der Evolution des Lebens strebt das Gleiche für lebendige Prozesse an. Unter Leben soll per definitionem ein System verstanden werden, das sich selbst vollständig zu reproduzieren vermag. Damit ist zunächst die Frage zu klären, wie sich unbelebte Systeme (1), die die zentralen Charakteristika des Lebens nicht besitzen, in lebendige Systeme (2) verwandeln. Operational eingegrenzt sollen als Systeme der ersten Art Moleküle (Verbindungen von Atomen), für Systeme der zweiten Art primitive Einzeller gelten. Wir folgen hier der als quantifiziertem Modell vorgelegten Theorie von Eigen (‘71; ‘81) bzw. der qualitativen Zusammenfassung von Stegmüller (‘87) und werden sie später durch das Modell von Kuhn (‘73; ‘82) und neuere Befunde ergänzen.

Die Fragen nach der Entstehung von Leben lassen sich in Einzelprobleme aufspalten: Lässt sich das Werden von Leben mit Hilfe physikalisch-chemischer Gesetzmäßigkeiten beschreiben oder müssen zusätzliche Hypothesen eingeführt werden? Wird auf Zusatzhypothesen verzichtet, stellt sich die Frage: Lassen sich die physikalisch-chemischen Prozesse quantitativ so formulieren, dass sie experimentell überprüft werden können, d. h., lassen sich Theorien zur Entstehung des Lebens experimentell stützen oder falsifizieren?

Eines der zentralen Probleme für ein Modell des Überganges von unbelebten in belebte Systeme stellt die beobachtbare und messbare Tatsache dar, dass physikalisch-chemische Systeme im Laufe von Zeit Wärme abgeben (Thermodynamik), zerfallen bzw. sich auflösen, Struktur verlieren und einem allgemeinen Ausgleich, d. h. zunehmender Unordnung, zustreben (Entropie als Maß für die zunehmende Unordnung). Lebendige Prozesse dagegen bauen Ordnungsgrade auf: Die Evolution des Lebens ist durch fortschreitende Zunahme von Ordnung gekennzeichnet. Schließen sich Thermodynamik und Entropie einerseits und

Evolution andererseits gegenseitig aus und kann nur durch ein „Wunder“ oder „göttlichen Schöpfungsakt“ das eine System in das andere überführt werden?

Wesentlicher Ansatzpunkt zur Überwindung dieser Schwierigkeiten bildete die Erkenntnis, dass physikalisch-chemische Prozesse besser durch probabilistische (Wahrscheinlichkeits-) Gesetze als durch deterministische (feststehende, eindeutige, d. h. vice versa – in beiden Richtungen) Gesetze beschrieben werden. Diese von der Quantenmechanik ausgehende, sich allgemein durchsetzende Beschreibung von Systemen über Schwankungen und damit Abweichungen zulassende Gesetze kann als Voraussetzung gelten, dass etwas anderes, Abweichendes, später Mutanten genannt, möglich ist. In einem deterministischen Weltall hätte Leben nicht entstehen können. Das Problem ist jedoch, auch bei Wahrscheinlichkeitsgesetzen, dass die Entstehung von Gebilden, die sich selbst reproduzieren, so ungeheuer unwahrscheinlich ist, dass sie als ein „Wunder“ bezeichnet werden müsste. Um dies nicht zu tun, werden weitere Parameter eingeführt: Einmal die sehr lange zur Verfügung stehende Zeit (etwa 4 Milliarden Jahre), zum anderen die Bildung von Hyperzyklen, kombinierten Kreisen, die sich gegenseitig ergänzen und als Gebilde offener thermodynamischer Systeme zu höheren Ordnungen führen können. Wir kommen auf diese schwer verständlichen Annahmen bei der Diskussion des Modells von Kuhn zurück und halten zunächst fest, dass für die Entwicklung komplexer Gebilde die grundlegenden Wahrscheinlichkeitsgesetze gelten, die neue Varianten zulassen, und die ungeheuer große Zeitspanne, die für die Möglichkeit ihres Auftretens zur Verfügung steht. Die weiteren Schritte werden beschrieben über Segregation (Aufspaltung in Teilsysteme) und Selektion (Auslese) sowie Konkurrenzdruck, in gegebener Umgebung zu bestehen. Diejenigen aus statistischen Schwankungen entstandenen Gebilde, die den Konkurrenzdruck am besten überstehen, selegieren sich. Damit werden die Darwin'schen Gesetze von Mutation und Selektion bis auf die molekulare Ebene bezogen.

Nochmals zu dem schwierigen Problem der Entropie: Unterschieden wird bei offenen Systemen mit einem konstanten Energiefluss durch das System die äußere Entropieerzeugung (nach außen entstehende Unordnung) und die interne Entropieproduktion (innere Unordnung durch Abgabe von Wärme). Während Gleichgewichtszustände in offenen Systemen einen maximalen äußeren Entropiewert erzeugen, bewegt sich die innere Entropieproduktion in stationären Zuständen dieser offenen Systeme hin auf ein Minimum. Stationär ist hier ebenfalls im Sinne eines Wahrscheinlichkeitsgesetzes zu verstehen: Die Wahrscheinlichkeit, diesen Zustand zu verlassen, ist zwar nicht Null, aber sehr klein. Es kann aber eine negative Schwankung der Entropieproduktion (höhere Ordnung) eintreten, wieder als Fluktuation zu verstehen und begründet in der probabilistischen Gesetzmäßigkeit der Quantenmechanik. Durch diese negative Schwankung der Entropie (höhere Ordnung) erfolgt eine Zerstörung des stationären Zustandes so lange, bis sich die Zusammensetzung des Systems derart ändert, dass ein neuer, metastabiler Zustand erreicht ist, der geringere Entropie als der alte besitzt und damit einen höheren Ordnungsgrad repräsentiert (Stegmüller '87; S. 236). Diese „Zerstörung des stationären Zustandes so lange, bis das System seine Zusammensetzung ändert", lässt sich auch als Mutation bezeichnen; mit der Erhöhung des Selektionswertes. Die Einführung einer Wertefunktion durch Eigen ('81), der Übergang in eine Konzentrationszunahme von Mutanten mit geringerer Entropie und damit höherer Ordnung, bedarf der empirischen Prüfung. Beschreibt diese Hypothese einen tatsächlich vorhandenen Prozess? Zusammenfassend ist die Leistung dieser Theorie, dass aufgrund von Wahrscheinlichkeitsgesetzen der Elementarteilchen und damit in einem indeterministischen Universum die Herausbildung von immer leistungsfähigeren Mutanten nicht nur möglich, sondern thermodynamisch geradezu erzwungen wird. Wir schlagen uns deshalb mit diesen schwer verständlichen Theorien des Übergangs von Thermodynamik in Evolution herum, weil sie prinzipiell die Entstehung von Systemen höherer Ordnung ermöglichen. Alles Weitere ist dann Wiederholung: zufällige Verstärkung unbestimmter Schwankungen; Segretion (Teilsysteme), Selektion (Auslese) der zufällig entstandenen leistungsfähigeren Mutanten.

Auf das Prinzip von getrennten, aber sich gegenseitig ergänzenden Kreisen (Hyperzyklen) hatten wir hingewiesen, von Stegmüller in das juristische Bild der getrennten, aber sich gegenseitig ergänzenden Bereiche von Legislative und Exekutive gefasst, hier verwendet für die sich entwickelnden und durch weitere Mutation und Selektion optimierenden biologischen Prozesse der Entwicklung von Nukleinsäuren und Proteinen. Die Überlegenheit von kombinierten Kreisen, den Hyperzyklen, ebenfalls zunächst rein zufällig gebildet, erweist sich im Ineinandergreifen der „gesetzgebenden" Bausteine der Nukleinsäuren, gebildet aus vier Bestandteilen – den Basen – mit den „ausführenden" Proteinen. Warum diese vier Basen-Bausteine universell für alles Leben auf unserem Planeten gelten – von Einzellern über alle Arten bis zu den Säugern –, der genetische Code also universell ist, wird wie folgt begründet: Angesichts der superastronomischen Unwahrscheinlichkeit, dass sich zwei oder mehr Kreise rein zufällig aufgrund desselben Codes gebildet haben, ist es plausibel, dass sich alle Lebensformen dieser Erde aus einem System gebildet haben und daher immer die gleiche Struktur bilden. Die Modellbeschreibung des genetischen Codes durch Crick und Watson und damit die Stärkung der Molekularbiologie und ihrer Brückenstellung zwischen physikalisch-chemischen und biologischen Prozessen, d. h. zwischen „unbelebten" und „belebten" Entwicklungen, kann neben der Fülle der praktischen Konsequenzen auch in theoretischer Hinsicht kaum hoch genug eingeschätzt werden: Sie beschreibt ein wesentliches Glied zwischen der Evolution der Materie (physikalisch-chemisch) und der Evolution des Lebens (biologisch). Zusatzhypothesen über den Anfang oder die Schöpfung des Lebens (im Wesentlichen religiös-theologische Annahmen) sind damit nicht mehr notwendig. Crick und Watson erlangen damit eine Bedeutung wie Darwin (Entwicklung der Arten) und Mendel (Erbgesetze), die die Durchgängigkeit der Evolution des Lebens bis auf die humanbiologische Ebene weitergeführt haben und damit auch hier die Vorstellung von einem Neubeginn, einer „Schöpfung des Menschen" überflüssig gemacht haben.

Kehren wir zu den Bausteinen des Lebens zurück. Der außerordentliche Selektionsvorteil kombinierter Kreise setzt sich in weiteren Mutationen schrittweise fort; so der Bildung von Schutzhüllen, der Bedingung zur Entwicklung der primitiven Vorstufen von Einzellern. Dem immer wiederkehrenden Einwand, dass sich derart komplexe Strukturen nicht aufgrund zufälliger Schwankungen gebildet haben können, steht entgegen, dass – wenn derzeit etwa 4 Milliarden Jahre für die Evolution des Lebens angenommen werden – etwa 2 Milliarden Jahre, also eine unvorstellbar lange Zeit, bis zur Ausbildung erster primitiver Zellen veranschlagt werden. In zwei Milliarden Jahren kann eine Menge schwanken, segregieren, mutieren, selegieren und optimieren – um hier noch einmal die Grundvokabeln bzw. die entscheidenden Schritte der Evolution des Lebens zusammenzufassen. Von zufälligen Schwankungen im Sinne des quantenmechanischen Indeterminismus läuft der Prozess zur Optimierung im Sinne der Ausbildung höherer Ordnung, d. h. höherer Strukturen und damit abnehmender Entropie (Unordnung). Ob wir so weit gehen können, diesen Prozess eine physikalische Notwendigkeit zu nennen, wie Eigen dies ableitet, soll offen bleiben; sein Verdienst ist zumindest, die Möglichkeit aufgezeigt zu haben, wie sich selbst reproduzierende Prozesse (d. h. Leben) entwickelt haben könnten. Dies reicht.

Ein weiteres mögliches Modell, wie sich Leben aufgrund physikalischer Gesetzmäßigkeit ausgebildet haben könnte, stellt der Theorieansatz von Kuhn ('73; '82) dar. Ob es dann wirklich so war, ist sekundär; wichtig, dass es möglich ist. Da die experimentelle Simulation präbiologischer Bedingungen im Labor bereits gelungen ist, konzentriert sich seine qualitativ formulierte Theorie auf die Weiterentwicklung energiereicher Nukleinsäuren. Ähnlich den probabilistischen Schwankungen bei Eigen macht er die starken Fluktuationen in der Umgebung (Tag-Nacht; Ebbe-Flut; Sommer-Winter-Rhythmus) für die spontane Entstehung möglicher Sequenzen von Molekülen verantwortlich. Für den Umschlag divergenter Zufallsprodukte in konvergente Entwicklungen sieht er folgende Gründe: Die entstandenen Moleküle können zufallsbedingt zur Bildung einer Doppelhelix (struktureller Zusammenschluss der vier grundlegenden Basen) führen, die besonders unempfindlich gegen Spaltungen (Hydrolyse) sind. Bei entsprechenden Veränderungen der Umgebung kann es zu Duplikationen solcher Helixstränge kommen, die dadurch weiter anwachsen. Wieder wird die enorm lange zur Verfügung stehende Zeit für das Auftreten solcher Varianten verantwortlich gemacht. Die Theorie von Eigen legte für den Übergang physikalischer (thermodynamischer) Prozesse in biologische Abläufe eine Selbstorganisation der Moleküle aufgrund innerer Instabilität – und damit der Möglichkeit zu Varianten – zugrunde, bei einer äußeren stationären Umgebung; Kuhn dagegen macht gerade die Instabilität und Periodizität der Umgebung für die Veränderungen der molekularen Strukturen verantwortlich. Damit wird ebenfalls die Darwin'sche Theorie von Mutation und Selektion als Anpassung an sich ändernde Umweltbedingungen auf die molekulare Ebene ausgedehnt.

Für die Weiterentwicklung von Nukleinsäuren verzichtet Kuhn auf die Annahme Eigens von ineinander passenden Kreisen (Hyperzyklen); er bleibt bei Molekülstrukturen, die zufällig ineinander passen und Tertiärstrukturen bilden; im Einzelfall höchst unwahrscheinlich, im Verlauf sehr langer Zeit fast zwangsläufig. Zu diesen sehr langen Zeiten veranschlagt Kuhn für die Bildung eines Proteins 100 Millionen Generationen; bei einer Generation pro Tag wären dies 100 000 Jahre. Da z. B. ein Bakterium etwa 1000 Proteine enthält, kämen wieder 100 Millionen

Jahre zusammen. Die vorangegangenen Evolutionsschritte dazugenommen, könnten in dem insgesamt geschätzten Zeitraum von 2 Milliarden Jahren aus physikalisch-chemischen Prozessen Moleküle, Aggregate, Tertiärstrukturen bis zu Bakterien entstanden sein; d. h., auch Kuhn macht plausibel, dass die Bedingungen – Schwankungen in sich verändernder Umwelt plus sehr langer Zeit – zur Entstehung von reproduzierenden Prozessen (Leben) ausgereicht haben könnten.

Bisher wurde die Entwicklung der Materie bis zu einem Gebilde, vergleichbar etwa einem kern- und strukturlosen Einzeller, betrachtet; strukturlos soll hier bedeuten, dass keine sonstigen Untereinheiten (sogenannte Organellen) ausgebildet worden waren. Einen wesentlichen Vorteil in diesen sich selbst organisierenden Gebilden war die Fähigkeit, nicht nur umgebende Moleküle zu integrieren (die bisherige „Nahrung“), sondern dass Porphyrinmoleküle durch Zufallsmutation in der Lage waren, Energie aus dem Licht aufzunehmen. Was in der Lage waren bedeutet, ist bisher nicht aufgeklärt. Die Fähigkeit der Porphyrine zur Umwandlung von Licht in Energie – der Photosynthese – bedeutete eine neue „Nahrungsquelle“; nicht nur umgebende Moleküle, sondern Sonnenlicht konnten genutzt werden; ein enormer Selektionsvorteil.

Die Entwicklung von Zellstrukturen wird in das Modell gefasst, dass irgendwann porphyrinfreie Zellen „auf der Suche nach Nahrung“ Porphyrin in sich aufnahmen, aber nicht vollständig abbauten, sondern eine Symbiose bildeten, indem der porphyrinhaltige Teil in ihnen weiterarbeitete und so den Grundstein für Organellen, hier die Chloroblasten, legte.

Das Abfallprodukt, die „Asche“ der lichtumwandelnden Porphyrine, war der Sauerstoff, bislang nicht nutzbar, bis es Zellen gelang – immer wieder ist von zufälligen Mutationen auszugehen –, in die Ernährung durch Gärung (Prozesse ohne Sauerstoff) mit Hilfe des Sauerstoffes Brenztraubensäure in Kohlenstoff und Wasser zu zerlegen, der Grundstein der Atmung. Damit waren Sauerstoff und Licht, die wesentlichen Quellen für die Evolution des Lebens, integriert, bis es geschah – oder gelang –, dass zellartige Gebilde so in Kontakt miteinander kamen, dass Material ausgetauscht wurde – ähnlich den oben beschriebenen miteinander korrespondierenden Kreisen, den Hyperzyklen. Material austauschen, hier genetisches Material, wurde ein weiterer Grundpfeiler der Evolution des Lebens: Sexualität, der Materialaustausch, war grundsätzlich „erfunden“. Die restlichen Millionen von Jahren, veranschlagt für das „ewige" Spiel von Mutation und Selektion, also die Entwicklung der Arten, brauchen nicht dargestellt zu werden. Das dafür von Darwin entwickelte Modell hat so weite Verbreitung und empirische Stützung gefunden, dass es nicht mehr diskutiert werden muss und wir uns im nächsten Kapitel einem weiteren Entwicklungsprozess zuwenden können: der Evolution des Wissens, so wie dieser neue Evolutionsprozess sich in einer der Arten, die in der bisherigen Evolution ausgebildet worden waren, dem Menschen, herauskristallisiert hat.

1.3 Die Evolution des Wissens

Die Theorie der Evolution wird traditionell für die Entwicklung des Kosmos und die Entwicklung des Lebens auf unserem Planeten angewandt. Es ist naheliegend, den Entwicklungsgedanken dann auch auf die spezifischen Fähigkeiten des Menschen auszudehnen, zunächst der Evolution des Wissens und der Wissenschaften. Auf die Entwicklung der Sozialsysteme bzw. ethischen Systeme und des Bewusstseins kommen wir später. Die Entwicklungsschritte gehen ineinander über und setzen sich fort. Die Entwicklung der biologischen Arten setzt sich in der Artentwicklung des Menschen fort. Die Gewinnung von Wissen kann zunächst auch für Tierarten postuliert werden (ein Hund weiß, hat gelernt und kann sich merken, z. B., wo er zu Hause ist). Hier sollen, abgesehen von diesen einfachen Formen des Wissens, die fortgeschrittenen Arten der Wissensentwicklung betrachtet werden – allgemein als wissenschaftlich bezeichnet und gekennzeichnet durch Systematik und Methodik. Als eine wissenschaftliche Untersuchung bezeichnen wir – in Abgrenzung zu allgemeinem Wissen – eine Arbeit durch die Angabe einer systematischen Methodik; beliebig, ob empirisch, hermeneutisch, phänomenologisch oder dialektisch.

Generell besteht die Vorstellung, dass die Entwicklung des Wissens eine Wissenszunahme bedeutet. Dieser Zuwachs des Wissens im Laufe der Geschichte hat zwei Dimensionen: eine Breitendimension: Beobachtete Befunde werden durch immer präzisere und vielfältigere Messinstrumente zusammengetragen und immer neue Tatsachen werden entdeckt. Als zweite Dimension – Tiefe – werden die aufgefundenen Regelmäßigkeiten bezeichnet, die immer exakter in Gesetzmäßigkeiten formuliert und in umfassende Theorien zusammengefasst werden. In einem raschen Erkenntnisfortschritt werden falsche Hypothesen durch neue Beobachtungen ausgemerzt und Irrtümer überwunden. Gelegentlich werden alte Theorien zwar nicht gänzlich entwertet, aber als Grenzfälle von neuen umfassenderen Theorien aufgenommen; so z. B. die alte Newton'sche Mechanik von der neuen Relativitätstheorie Einsteins.

Ursprünglich herrschte das aristotelische Wissenschaftsideal: Die Wissenschaften sollten zu definitivem Wissen führen; die Erfahrungswissenschaften gehen induktiv vor und formulieren aus ihren Beobachtungen allgemeine Gesetze.

Seit David Hume wird dieses Verfahren in Frage gestellt. Die Wissenschaften sammeln zwar induktiv empirische Befunde, aber die rationale Begründung von Gesetzmäßigkeiten fällt schwer. Ob sie in der Sache begründet oder von uns hinzugefügt sind, wird kontrovers diskutiert; z.B. hat Kant immer wieder darauf hingewiesen, dass wir Kausalität (Ursächlichkeit) nicht beobachten können; wir sehen immer nur ein Nacheinander; die ursächliche Verknüpfung, das „Weil" stammt von uns. Ursächliche Verknüpfungen sind eine Kategorie unseres Verstandes, kein empirisch zu beobachtendes Phänomen. (Im Kap. 1.4 zur Entwicklung des Bewusstseins werden wir auf a-kausale Zusammenhänge zurückkommen.) Die langwierige und schwierige Diskussion, wie wir denn nun zu verlässlichen Gesetzen kommen, also wie unsere Erkenntnis funktioniert, wollen wir abkürzen mit dem Hinweis auf die relativ junge Position von Popper, der eine Rechtfertigung oder Begründung wissenschaftlicher Hypothesen und Gesetze überhaupt ablehnt, sondern fordert, dass vorläufige Formulierungen (Hypothesen) einer strengen empirischen Prüfung unterzogen werden. Halten sie dieser Prüfung nicht Stand, sind sie falsifiziert, also abgelehnt; halten sie Stand, können sie vorläufig beibehalten werden, bis sie durch neue Fakten abgelehnt werden. Eine endgültige empirische Bestätigung und Begründung für Gesetze gibt es nicht. Da aber Verlässlichkeit und Sicherheit so sehr gewünscht werden, muss es sie doch geben, wenn schon nicht im menschlichen und sozialen Bereich, dann doch zumindest in den Naturgesetzen. Also gibt es einen Versuch nach dem anderen, zu verlässlichen Aussagen zu kommen – und wenn schon nicht empirisch begründbar, dann schaffen und konstruieren wir sie eben aufgrund von Fakten (Konstruktivismus). Überall beobachten wir aber – beliebig, ob in der kosmischen Entwicklung, der Entwicklung des Lebens und der Arten, später der sozialen und ethischen Entwicklung – eine nicht lineare Dynamik: spontane Zufallsmutationen, gefolgt von divergierenden Entwicklungen, gefolgt von einem Einschwenken auf eine konvergente Entwicklung, mit abermaliger Zufallsmutation, gefolgt von Episoden der Vermehrung, die ihrerseits in Phasen des Lebenskampfes und der Auslese einmünden, wobei abermals Zufallsmutationen den Ausschlag geben (Stegmüller '87; S. 289). Beginnt die Welt sich also aufzulösen in den probabilistischen Schwankungen der Elementarteilchen (Quantenphysik) und den Zufallsmutationen biologischer Systeme? Sind unsere Naturgesetze – von den biologischen und sozialen ganz zu schweigen – nur irrationale fromme Wünsche? Die deutlichste erkenntnistheoretische Gegenposition zur rationalen Falsifikationstheorie von Popper geht denn auch genau in diese Richtung. Niemals in der Geschichte seien große Theoriesysteme durch empirische Falsifikationen abgelehnt worden, sondern die Entscheidung für etwas Neues werde von ganz anderen Kräften getragen. In der klassischen Auseinandersetzung der Relativitätstheorie mit der Mechanik und Optik Newtons einerseits und der aufkommenden Quantenphysik andererseits werden diese nicht rationalen Prozesse beschrieben, z. B. Einsteins Ablehnung der probabilistischen Theorie (Gott würfelt nicht – und da Gott eine feste Größe ist, kann das Würfelmodell nur falsch sein); Max Plancks resignierende Aussage: „Neue wissenschaftliche Erkenntnisse pflegen sich nicht in der Weise durchzusetzen, dass die Gegner überzeugt werden, sondern dadurch, dass die Gegner allmählich aussterben" (leider hatte er die Erben unterschätzt). Die Quantenphysik wurde als die „Physik der Zwanzigjährigen" bezeichnet; junge Leute, die mit quasi-religiösem Eifer eine neue Theorie zu verteidigen suchen. Der erkenntnistheoretische Ansatz von T. H. Kuhn ('78, '83) fasst diese Faktoren in einer Ablehnung des rationalen Ansatzes von Popper. Insbesondere für außerordentliche Wissenschaften, die zu großen Umbrüchen und Neuformulierungen führten, weist er auf Phänomene hin, die normalerweise eher religiöse Umwälzungen und nicht wissenschaftliche Formulierungen beschreiben: Kuhn spricht von „Gestaltwandel", „Inkommensurabilität" (Unvereinbarkeit), „Glauben an"; „Entscheidung für etwas Neues", „Bekehrungserlebnissen", „Überredung", „Propaganda" usw. und löste heftige Gegenreaktionen aus. Ob nun die Evolution des Wissens und der Wissenschaft von rational geleiteten Prinzipien, formalisiert in mathematischen Axiomen, oder ihrem Wesen nach ein durch und durch irrationales Geschehen ist (Stegmüller a. a. O., S. 302), muss offen bleiben; wie so oft werden sich im Sinne der Hegel'schen Logik These und Antithese erst in einer auf- und hinaufhebenden Synthese versöhnen lassen.

Stegmüller unternimmt einen solchen ausgleichenden Versuch und weist darauf hin, dass Kuhn besonders dadurch so verärgerte Gegenreaktionen auslöste, dass er – ähnlich wie Darwin – jede Art Teleologie (Zielstrebigkeit) ablehnte. Fortschrittsbegriffe, teleologisch infiziert, seien für die Wissenschaft völlig unbrauchbar. Der Mensch stammt vom Affen ab, die höhere Spezies von der niederen – nehmen wir Quantenphysiker und Molekularbiologen hinzu, dann stammt der Mensch von Zufallsschwankungen der Elementarteilchen ab – was für eine Kränkung und Beleidigung unseres Selbstwertgefühls! – Die Evolution sei ein Prozess der Differenzierung, aber kein zielstrebiger Prozess, der nach irgendeinem festen Plan verlaufe, hin auf ein bestimmtes, endgültiges Ziel (causa finalis), wie Teilhard de Chardin und Wilber ausarbeiten – wir kommen auf beide zurück. Kuhns Aufforderung, die Evolution des Wissens, also wissenschaftlichen Fortschritt mit nicht-teleologischen Begriffen zu explizieren, stellt für die Omega-Punkt-Theoretiker eine erhebliche Herausforderung dar. Unsere vorläufige Hypothese, die jederzeit falsifiziert werden kann, wäre etwa wie folgt zu formulieren: Die Evolution des Wissens und der Wissenschaft weist den Menschen als ein Wesen aus, das durchaus Anteile eines „animal rationale“ hat; ob das Irrationale zu überwindende „Wüstenreste“ (Thomas Mann) oder grundlegenden Nährboden darstellt, wird sich erweisen. Wir möchten in den folgenden Kapiteln die Hypothese eines „animal potentiale“ explizieren, insbesondere in der Evolution des Bewusstseins. Welche Möglichkeiten hat der Mensch? Ob fester Plan oder gar Omega-Punkt ist dafür völlig unerheblich. Im Zweifelsfalle: Nein – wir kennen den Anfang nicht und das Ende schon gar nicht – und erinnern an Modellrechnungen zum Stand der Evolution in den nachfolgenden Jahrmillionen, in denen nicht die menschliche Art, sondern aller Wahrscheinlichkeit nach die Kopffüßler sich als dominante Art herausbilden werden –, aber wir haben Möglichkeiten, die wir in den Kapiteln zu den Theoretikern und Praktikern der Bewusstseinsevolution ausführen werden.

1.4 Evolutionäre Ethik

Die breite Akzeptanz evolutionärer Grundannahmen sowohl für die Entwicklung des Kosmos wie des Lebens auf unserem Planeten legt es nahe zu fragen, ob der Entwicklungsansatz bezüglich der menschlichen

Art neben der Evolution des Wissens sich auch für Ausdrucksformen des Lebens, hier des Sozialverhaltens, also für die Regeln und die Organisation des Miteinanders einzelner Individuen, weiterführen lässt. Die „sozialen Instinkte“ einzelner Tierarten sind breit beschrieben worden. Die Ethologie arbeitet in der Beschreibung des Verhaltens der Arten nicht nur den Darwin'schen Kampf ums Dasein heraus, sondern bietet zahllose Beispiele von Kooperation, gegenseitiger Hilfe. Gruppenverhalten, die Organisation ganzer Völker (wie Bienen und Ameisen) unterliegt festen Regeln. Konrad Lorenz, als hervorragender Vertreter der Ethologie, hat gesellig lebenden Tieren „moral-analoges“ Verhalten zuerkannt und überleitend für die menschliche Art darauf hingewiesen, dass man angesichts der Ähnlichkeiten in den Funktionen und Leistungen der sozialen Instinkte mit menschlichen Moralgeboten oft nur schwer unterscheiden könne, ob wir zu einem bestimmten Verhalten durch Antriebe aus tiefsten vormenschlichen Schichten veranlasst werden oder durch Überlegungen auf der höchsten Etage unserer Vernunft (Störing '04). Wird soziales Verhalten von der Evolution als Selektionsvorteil gefördert? (Nicht organisierte Ameisen oder Bienen hätten schlechtere Überlebenschancen.) Müssten wir so weit gehen, dass einige Arten in der Entwicklung des Sozialverhaltens der menschlichen Art überlegen sind, z. B. in der instinktiven Hemmung gegen die Tötung von Artgenossen? Konkurrenzkämpfe gehen bei vielen Arten mit der Unterwerfung und Flucht des Unterlegenen, nicht mit seiner Tötung zu Ende. Massenhafte Tötung von Artgenossen, ethnische Säuberungen, gerechte bis heilige Kriege sind eher ein Kennzeichen der menschlichen Art. Die evolutionäre Weiterentwicklung von quasi Sozialverhalten der Arten zum menschlichen Verhalten scheint nicht problematisch, eher das Phänomen, das wir Freiheit nennen, hier mit der Möglichkeit, dass menschliches Verhalten unter das Instinktniveau von Tieren sinken kann; etwa in den Formen der Destruktivität, d. h. des Vernichtens um des Vernichtens willen. Das Phänomen der Freiheit und die Begründung menschlichen Sozialverhaltens ist eine der wichtigsten und spannendsten Probleme. Zunächst die Frage: Ist Freiheit erst typisch für menschliches Verhalten? Sind wir mit Herder „die ersten Freigelassenen der Natur“? Hat ein Hund Freiheit? Kann er sich, in analoger Benutzung des Wortes, „quasi frei“ entscheiden, ob er zu mir oder den Kindern läuft, wenn beide ihn rufen? Natürlich kann er. Nicht-menschlichen Arten jede Freiheitsgrade abzusprechen ist nicht besonders gut beobachtet. Ein Pferd nimmt sich zuweilen erstaunliche „Freiheiten“ beim Ausritt ins Gelände. Die Übergangsweisen stärkerer Instinktgesteuertheit zu größeren Freiheitsgraden (natürlich zeigen auch Menschen instinktiv gesteuertes Verhalten) werden derzeit von den Einzelwissenschaften, besonders Ethologie und Neurowissenschaften, bearbeitet. Sobald wir jedoch auf einem Kontinuum sind, muss der Evolutionsgedanke zwar weiter expliziert werden, aber er ist prinzipiell möglich. Die Einzigartigkeit der menschlichen Art ist zwar wieder in Frage gestellt – wir sind eben nicht die Einzigen, wie Herder meinte, die Freiheitsgrade besitzen –, aber wir brauchen auch keine Zusatzhypothesen oder gar Glaubenssysteme einzuführen, um die Entwicklung des Sozialverhaltens nachzuvollziehen. Auf einer nicht so sehr argumentativen Ebene, die ja immer Gegenargumente provoziert, sondern eher spielerisch hat Thomas Mann in seinem „Der Mann Moses" auf fast witzige Art dargestellt, wie die Menschen ein für sie wichtiges Verhalten, das Inzesttabu, gelernt haben, inzwischen verinnerlicht und akzeptiert. Die Aufforderung, Artgenossen nicht umzubringen, muss zwar für den individuellen Bereich immer wieder durchgesetzt werden, ist aber allgemein akzeptiert; für große Systeme (Staaten) weit weniger, sonst hätten wir nicht derartig viele „gerechte" Kriege. Die getöteten Artgenossen anschließend nicht zu verspeisen (Kannibalismus) ist dagegen fast durchgängig verinnerlicht und derart weit aus dem menschlichen Verhalten abgedrängt, dass es nicht einmal mehr in Gesetzestexten formuliert und auch nicht auf den Höhepunkten unmenschlichen Verhaltens, für das stellvertretend die Konzentrationslager stehen, durchbrochen wurde (die Opfer wurden verbrannt, nicht zur Ernährung der Herrenrasse verwendet). Angesichts solcher Gefahren bleibt die Frage nach der Begründung des Sozialverhaltens, um ein anderes Wort für ethisch zu verwenden. Traditionell wurde die religiöse Begründung geglaubt: Es ist Gottes Wille, dies oder jenes zu tun oder zu lassen. Rechtssysteme als Formalisierung z. B. des Sozialverhaltens auf Naturgesetze zu gründen ist mehr als fraglich, denn die Instinktsicherheit des Menschen ist ja gerade nicht gegeben. Evolutionsgesetze heranzuziehen wäre möglich. Es gibt durchaus Hinweise, dass Gruppenverhalten, sozial-analog, von der Evolution gefördert wird und damit einen Selektionsvorteil bietet – so wie sich Arten, die sich zu Rudeln, größeren Gruppen, ganzen Völkern (z. B. bei Bienen benutzen wir diesen Ausdruck) zusammenschließen, damit gegenüber Einzelgängern im Vorteil sind, also sich evolutionär durchsetzen. Für die menschliche Art ist Gruppenbildung und umfassendere Systembildung durchgängig, ob sich aber egoistischer Kampf ums Dasein, z. B. in Wirtschaft und Finanzen, durchsetzen oder soziale Solidarität die Oberhand gewinnen wird, ist noch nicht entschieden. Eher werden Ziele formuliert: die Beendigung der Ausbeutung des Menschen durch den Menschen, in der Abschaffung von Sklaverei und Leibeigenschaft zu einem guten Stück realisiert, in der kommunistischen Idee von der Gleichheit der Menschen grandios gescheitert, in den kommunistischen Herrschern von Stalin bis Pol Pot pervertiert, überwunden durch eher religiös motivierte Bewegungen: Die polnisch-katholischen Vertreter von Lech Walesa bis Karol Woitila haben zur Überwindung der kommunistischen Herrschaftssysteme entscheidenden Beitrag geleistet. Die Evolution schwankt wieder einmal – mit nicht unbegründeten Hoffnungen, dass sich das Prinzip ‚Solidarität' und ‚Verantwortung' (Jonas '79) durchsetzen wird: Formulierung der Menschenrechte, Charta der Vereinten Nationen, internationaler Gerichtshof.

Derzeit muss konstatiert werden, dass nicht nur in der Überwindung des in Machtsysteme entgleisten Kommunismus, sondern auch in der Formulierung ethischen – pragmatisch heißt dies immer sozialen – menschlichen Verhaltens die Religionen wesentliche Beiträge leisten; so die Deklaration eines Weltethos (Küng '93), in der führende Vertreter von Christen (der Hauptinitiator Hans Küng ist katholischer Theologe), Buddhisten, Hinduisten, Juden, Jains, Muslime, Taoisten und Sikhs zentrale Prinzipien menschlichen Zusammenlebens unterschrieben haben: sozial verträglich, friedensfördernd, naturfreundlich – mit den vier Hauptbereichen: Kultur der Gewaltlosigkeit, Ehrfurcht vor dem Leben (unter Einbeziehung von Tieren und Pflanzen), Gleichberechtigung von Mann und Frau (muslimische Fundamentalisten wie die Taliban haben dies nicht unterschrieben), ausgleichende Wirtschaftsordnung – alles aufbauend auf dem Grundprinzip, den jeweils Anderen so zu behandeln, wie man selbst behandelt werden möchte. Derzeitige Realität sind jedoch Terrorismus und Heilige Kriege, die Religionen in vorderster Front. Wenn aber insgesamt das Überleben der menschlichen Art besser gesichert werden kann in einem Gruppenverhalten – solidarisch und verantwortlich –, könnte sich die Evolution in dieser Richtung durchsetzen.

Wichtig war uns in diesem Abschnitt zu zeigen, dass es übergangsartige Schritte vom Instinktverhalten der Tiere zum ethischen und „freien" Verhalten der Menschen gibt; dass also Entwicklung stattfindet. Auch in der Entwicklung des Sozialverhaltens finden wir Zwischenschritte und Übergänge, die den biologischen Übergangsstufen zur menschlichen Art prinzipiell vergleichbar sind. Das große Kontinuum der Evolution setzt sich fort.

1.5 Die Evolution des Bewusstseins

Die Evolution des Bewusstseins ist bisher selten zusammenfassend dargestellt worden (z. B. Brehmer '92). Wir möchten hier Beiträge leisten, eher im Sinne des derzeitigen Standes und einer möglichen Weiterentwicklung. Die Vergangenheit wird indirekt bei der Schilderung der individuellen Entwicklungsstufen dargestellt (Kap. 3), da die Entwicklung des Einzelnen den gesamten Prozess der Evolution des menschlichen Bewusstseins in Ansätzen wiederholt, ganz ähnlich der Wiederholung der biologischen Vorstufen in der embryonalen Entwicklung des Individuums.

Für die Gegenwart der Bewusstseinsevolution und deren möglicher Weiterentwicklung werden wir zunächst vier theoretische Ansätze darstellen: die Beschreibung aus kulturanthropologischer Sicht durch das Werk Jean Gebsers; der Versuch von Teilhard de Chardin, die Evolutionstheorie mit dem Glauben an einen unabhängigen, der Evolution nicht zugehörigen persönlichen Schöpfungsgott zu versöhnen; Aurobindos Bearbeitung der Bewusstseinsevolution aus der Sicht der indischen Tradition. Zuletzt kommen wir zu den theoretischen Ansätzen von Wilber und seinen Versuchen, einen Gesamtüberblick auf den Evolutionsprozess zu gewinnen. Dieser Gesamtüberblick, der die Evolution des Bewusstseins in ein durchgängiges Entwicklungskontinuum einschließt, wird in drei Abschnitten dargestellt:

a) Grundaussagen bzw. Grundgesetze des Gesamtevolutionsprozesses und deren Anwendbarkeit auf so unterschiedliche Bereiche wie der Evolution des Kosmos, des Lebens, Wissens, sozial-ethischer Systeme bis zur Entwicklung des Bewusstseins,
b) Längsschnitt durch die Evolutionsschritte des Bewusstseins,
c) Querschnitt durch das Gesamtphänomen der Evolution.

Nach den theoretischen Modellen soll die Darstellung der Praxis der Bewusstseinsevolution beginnen mit der derzeit sichtbaren Explikation erweiterten Bewusstseins. Wir wählen zwei Vertreter dieses erweiterten Bewusstseins, stellen zunächst ihre Lebensläufe als Grundlage der gemachten Erfahrungen dar, um im nachfolgenden Abschnitt explizit das Erleben zu schildern, welches die Grundlage eines erweiterten Bewusstseins bildete.

Da die wesentlichen Ansätze für das Sammeln von Erfahrungen die übend-meditativen Wege sind, werden zwei dieser Wege (Yoga und Zen) in ihrer Stufenabfolge beschrieben. Diese beiden Wege können als repräsentativ für das Spektrum möglicher Zugänge zur Bewusstseinsentwicklung gelten – insbesondere werden sie gewählt, da sie die Übungsgrundlage der hier dargestellten Vertreter dieser Entwicklung bilden. Neben dieser allgemeinen Art der Wegdarstellung formulieren wir eine eher subjektive, ganz auf das Erleben abzielende Beschreibung, die wir „den Weg der inneren Attraktoren“ nennen.

Ein zusammenfassender und kritischer Überblick zur Forschung und den Gefahren bezüglich der Wege zur Bewusstseinsveränderung steht vor einem eigenen kurzen, dem Kriterium „einfach und wiederholbar“ folgenden Übungsvorschlag, um so von der theoretischen Darstellung, bisherigen Erfahrungen, Möglichkeiten und Gefahren zur anwendbaren Praxis als Beitrag für eine Gesamtentwicklung zu kommen.

2. Theoretiker der Bewusstseinsentwicklung

2.1 Die Entwicklung des Bewusstseins aus kulturanthropologischer Sicht: Jean Gebser

Leben und Werk Jean Gebsers spiegeln die Bemühungen des vergangenen Jahrhunderts um eine Weiterentwicklung der menschlichen Perspektive wider; der Ausbau der Innenansicht soll zu einer Bereicherung und Verbesserung des Erlebens führen. Ähnlich der Entwicklung biologischer und sozialer Systeme geschieht auch im geistig-seelischen Bereich die Weiterentwicklung oft stärker durch einen Zustand der Unvollkommenheit, des Mangels, als durch den Horizont einer sich abzeichnenden besseren Welt. Hunger macht erfinderisch, soziale Isolation und Ausgeschlossensein können Energien freisetzen, die zu Veränderungen führen.

Das Leben Jean Gebsers ist geprägt von Mangel; er schöpft nicht aus einer komfortablen Situation der Fülle, sondern ringt sozial und kognitiv um Anerkennung, insbesondere um universitäre und akademische Akzeptanz. Geboren 1905 in Posen, einer polnischen Provinzhauptstadt, später zu Preußen gehörig. Der Vater, protestantischer Kirchenjurist, „überaus korrekt, zurückhaltend, sehr formell höflich"; die Mutter von ihm charakterisiert als „egoistisch, gefühlsarm und brutal". Seine 1 ½ Jahre ältere Schwester stirbt mit drei Jahren an Hirnhautentzündung; er träumt von ihr als einer lichten Gestalt; „der Eindruck eines Engelhaften scheint geblieben, lebenslang" (Wehr '96). Zu einer zwei Jahre älteren Schwester hat er keine Beziehung; später verbittet er sich jede Kontaktaufnahme. Seine Heimat erlebt er als seltsam ungesichert und „eine unverbindliche Heimat ist keine Heimat". Das Fehlen von Geborgenheit wird verstärkt durch ein Elternhaus voller Spannung; von seinen Eltern zu berichten sei eine peinliche Aufgabe.

Wiederholte Versetzungen des Vaters (Breslau, Königsberg, Berlin) und die damit verbundenen Schulwechsel wirken sich auch auf die Schulleistungen negativ aus. Die Eltern entscheiden, den Jungen auf ein Schulinternat zu schicken (15 LJ), eine Klosterschule, die Gebser beschreibt als „mit einer kargen Luft. Die Misere ist perfekt". Der Vater bricht zusammen und stirbt, die Mutter lebt mit wechselnden, wesentlich jüngeren Liebhabern. In der Schule ging es immer schlechter; das sehnlich angestrebte Abitur gelingt nicht, die Träume von Studium, Universität und akademischen Studien zerplatzen. Ein Bekannter vermittelt eine Banklehre in Berlin, in einem „Milieu der Eintönigkeit“. Die Lehre gelingt einigermaßen; er wird nach 2 ½ Jahren „freigesprochen“ und bekommt ein Stellenangebot, das er ablehnt; aus der Sicht der Mutter ein kaum verzeihlicher Akt des „undankbaren und wahnwitzigen Sohnes“. Dieser hat inzwischen seine Welt entdeckt, die der großen Dichter, insbesondere Rilkes. Zu den Duineser Elegien schreibt er: „Die Elegien strömten eine das Herz verwandelnde und es aus sich selber heraushebende Kraft aus; der Duft und die Luft ihrer neuartigen Weltgestimmtheit legte einen Weg frei und rief den eigenen Mut wach, ihn zu gehen“. Zur Dichtung kommen Philosophie und Psychologie; als Gasthörer an der Universität Berlin – zu einem geregelten Studium ist er wegen des fehlenden Abiturs nicht zugelassen – begeistert er sich für die Religionsphilosophie Romano Guardinis: „Es waren unvergessliche Stunden von einer seltsamen Dichte, die mich nachhaltig beglückten und bereicherten.“ Das äußere Leben geht mäßig weiter; er arbeitet in einer Druckerei; als Verleger gibt er erste kleine Schriften heraus; bereist Italien, Frankreich und Spanien als Reisebegleiter eines ihn finanziell unterstützenden Freundes; ab ‘39 – bei Kriegsausbruch – erreicht er die neutrale Schweiz, wo er sich für den Rest des Lebens niederlässt. In der Schweiz löst er sich von seinem väterlichen Freund und Geldgeber und heiratet die Tochter eines wohlhabenden Fabrikanten. Die Einheirat in eine angesehene Schweizer Familie bot ihm nicht nur finanzielle, sondern auch politische Sicherheit – es war die Zeit des Zweiten Weltkrieges – für den Deutschen mit bisher begrenzter Aufenthaltserlaubnis von wesentlicher Bedeutung. Zu diesen äußeren Bedingungen kam eine starke emotionale Beziehung, so dass die Ehe als der Glücksfall in Gebsers Leben bezeichnet werden kann. In diese „glückliche Zeit“ fällt auch die Begegnung mit C. G. Jung und dessen Kreis mit den jährlichen Eranos-Tagungen sowie dem Indologen Heinrich Zimmer: „Es war eine reiche und schöne Zeit.“ Das Glück währte nur etwa zehn Jahre. Der hohe Finanzbedarf Jean Gebsers führte zu Spannungen mit der Familie seiner Frau; schließlich auch zu ihr selbst – die Ehe wurde nach 14 Jahren geschieden.

Schwierige Verhandlungen zur Erlangung der Schweizer Staatsbürgerschaft führten endlich zum Erfolg. Er unternimmt ausgedehnte Reisen durch Europa, nach Asien (Indien, China, Japan), Süd- und Nordamerika. Seine Werke (s. u.) haben ihn bekannt und finanziell unabhängig gemacht. 65-jährig heiratet er zum zweiten Mal, pflegt rege soziale Kontakte. Das Angebot einer Honorarprofessur in Salzburg kann er aus gesundheitlichen Gründen nicht mehr annehmen und stirbt mit 69 Jahren.

Schon bei seinen Reisen nach Spanien und Frankreich hatte er Kontakt zu bekannten Literaten und Künstlern wie Garcia Lorca und Pablo Picasso. An Picassos Bildern entwickelt er die Sichtweise einer „a-perspektivischen Welt"; nicht der Augenblick gelange zur Darstellung, sondern die ewige Gegenwart; nicht der raumfixierte, zeiträumliche Augenblick werde sichtbar, sondern die in ihrer Ganzheit durchsichtig werdende Gegenwart. In einer ganzheitlichen und a-perspektivischen Weltsicht glaubt Gebser das Aufkommen einer neuen Bewusstseinsentwicklung zu erkennen. Das Aufspüren von Ansätzen zu diesem neuen Bewusstsein wird sein wesentliches Anliegen. In „Abendländische Wandlungen" ('56) beginnt er diese Bewusstseinserweiterung zu beschreiben: die „Umgestaltung des bisherigen materialistisch-mechanischen Weltbildes" hin zu einem integrierten Bewusstsein und damit zu einer entsprechenden Weltsicht.

Dazu gehöre:
1. Die Überwindung des alten Zeitbegriffes.
2. Die wesentliche Rolle der Relativität (beides macht er beispielsweise an der Relativitätstheorie Einsteins fest).
3. Die Auflösung der Gegensätze bzw. der Dualität.
4. Sprunghafte Entwicklungen und nicht kausale (a-kausale) Zusammenhänge (wofür er u. a. Belege in der Quantenphysik sieht).

Daraus ergebe sich:
1. Die Bildung einer höheren bzw. tieferen Einheit, die zu einer größeren Raum-Zeit-Freiheit führe.
2. Die Bewusstwerdung von bisher Unbewusstem (wofür er eine wesentliche Stützung in den Arbeiten von C. G. Jung sieht).
3. Die Entmaterialisierung und Zuwendung zu den Gegebenheiten des Geistigen.
4. Die Anerkennung der Notwendigkeit einer geistigen – nicht nur seelischen – Ergänzung der verstandesmäßigen Erkenntnis in eine neue Bewusstseinshaltung (Wehr '96; S. 143).

In seinem Hauptwerk „Ursprung und Gegenwart“ (Gebser ‘49) werden diese Ansätze aufgegriffen und weiter ausformuliert. Die bewusstseinsmäßigen Mutationen werden in den großen Etappen der Menschheitsentwicklung geschildert:

1. Die archaische Entwicklungsstufe mit einer Bewusstseinsstruktur, die dem biblischen paradiesischen Urzustand entspreche. „Es ist die Zeit, da die Seele noch schläft.“ Der archaische Urzustand entspreche einer Bewusstseinsstruktur, gekennzeichnet von völligem Eingebettetsein – dem Paradies –, einer Gegenüberlosigkeit und gänzlichen Ununterschiedenheit von Mensch und All, damit auch ohne Einnahme einer bestimmten Perspektive, die null-dimensionale Struktur des Bewusstseins.
2. Die magische Struktur bringe dann ein erstes Aufbrechen der ursprünglichen Einheit. Der Mensch werde aus der Identität mit dem Ganzen, dem Paradies, herausgelöst und ein erstes, noch schemenhaftes Gegenüber entstehe. Nicht mehr nur „in der Welt zu sein“, sondern ein erstes „die Welt haben zu müssen“. Gebser, der die Entwicklung des Bewusstseins immer auch an den künstlerischen Produktionen der entsprechenden Zeit festmacht, sieht in den vorgeschichtlichen Felsmalereien und Höhlenzeichnungen diese von Magie erfüllte Lebensart der frühen Menschheit dargestellt. Das eigene Tun, z.B. die Jagd, seien eingebunden in überindividuelle Zusammenhänge, die etwa durch Rituale zu beherrschen versucht werden.
3. Mit dem mythischen Bewusstsein trete die Menschheit aus der magischen Natur-Verbundenheit und -Verflochtenheit heraus. Nicht mehr in die Natur verflochten, sondern nur noch von ihr umgeben. Während Gebser die archaische Identität als nulldimensional bezeichnet, die magische Naturverwobenheit als eindimensional, sieht er in der mythischen Struktur die Herausbildung zweidimensionaler Polarität. Der Befreiungskampf gegen die Natur werde von den mythischen Helden geführt.
4. Die mentale Bewusstseinsstruktur sieht Gebser mit den Leistungen der Griechen um 500 v.u.Z. beginnen und sich bis in unsere Zeit entwickeln. Rationales Denken werde zum wesentlichen Instrument einer ordnenden, strukturierenden Welterfassung mit männlicher Dominanz, die das bergende, schützende Matriarchat ablöse. Das „animal rationale“ führe zu einem „Ausgesetztsein in der Wachheit“;

zu einem „Erwachen der Menschheit“, in der der Mensch sich selber richten muss, in einem sich erschließenden Raum und messbar gewordenen Kosmos.

5. In der integralen Bewusstseinsstruktur glaubt Gebser eine Weiterentwicklung und Überwindung der rein rationalen Weltsicht zu sehen: die Erweiterung der Dimensionen im vierdimensionalen Raum-Zeit-Kontinuum, die Ausdehnung der Perspektive zu einer n-dimensionalen bzw. a-perspektivischen Weltsicht, die sich in der darstellenden Kunst und Literatur durchsetze (auf die beispielhaften Deutungen zu Picasso hatten wir hingewiesen); die interpretierende Integration sprunghafter Entwicklungen (Physik) und a-kausaler Zusammenhänge (Ereignisse, die mit formaler Logik nicht mehr im Raum-Zeit-Modell erklärt werden können); Synchronizitätsphänomene (a-kausal parallel auftretend) erforderten Denkweisen und Bewusstseinsstrukturen, die ein Wahrzunehmendes von allen Seiten, a-perspektivisch, als Ganzheit zu betrachten gestatten.

Auf eine kritische Würdigung dieser Stufenfolge kommen wir später zurück.

2.2 Christliche Deutung der Evolution: Teilhard de Chardin

Teilhard, geboren 1881 in Sarcenat (Zentralfrankreich) stammt aus einer Familie katholischer Landadliger. Elfjährig trat er in ein Jesuitengymnasium bei Lyon ein, legte sowohl das humanistische als auch das naturwissenschaftliche Abitur ab – zwei Richtungen, die ihn zeitlebens prägen werden. 18-jährig tritt er in den Jesuitenorden ein, mit Studium der Theologie in Frankreich, Kairo und England, und wird mit 30 Jahren zum katholischen Priester geweiht. Danach, 1912, beginnt er Geologie und Paläontologie zu studieren, unterbrochen von den Jahren des Ersten Weltkrieges, in denen er als Sanitäter an der Front dient. 1920 Promotion und zwei Jahre später mit 41 J. zum Professor für Geologie am Institut Catholique in Paris ernannt. Wegen seiner evolutionstheoretischen Ansichten und von kirchlicher Lehre abweichenden Meinungen – z. B. zur Erbsünde – in Rom bei den kirchlichen Behörden angezeigt, wird er von seinem Orden nach China ins Exil geschickt und mit einem Publikationsverbot belegt. Er bleibt 20 Jahre in China, widmet sich geologischen und paläontologischen Studien; seine naturwissenschaftlichen Schriften machen ihn in seinem Fach bekannt. Trotz des Publikationsverbotes zu theologischen Themen – an das er sich hält – schreibt er fortlaufend zu Themen, die religiös christliche und evolutionstheoretische Ansichten zu versöhnen suchen und erst nach seinem Tod veröffentlicht werden. 1946 war er von China nach Paris zurückgekehrt; 1951 in sein zweites Exil nach New York gegangen und dort 1955 verstorben. 1962 entschied Rom (das kirchliche Lehramt), dass seine Schriften schwere Irrtümer enthielten. Diese Schriften – durch das kirchliche Verbot eher gefördert als behindert – machten ihn schließlich weltberühmt. In drei Bänden: „Der Mensch im Kosmos“ (Teilhard ‘99); „Die Entstehung des Menschen“ (‘97); „Das göttliche Milieu“ (‘00) versucht Teilhard eine „geistige Potenz in der Materie“ zu erkennen; sie sei „Das Herz der Materie“ (‘02). Diese geistige Potenz in der Materie interpretiert er im christlichen Sinne als „Christus in der Materie“. Von seinen Anhängern bewundert, von anderen als gewagt empfunden, glaubt er einen kosmischen „universalen Christus“ zu erkennen, auf den die gesamte Evolution zusteuere. Das Herz des universalen Christus falle zusammen mit dem Herzen der amorisierten (liebesfähig gewordenen) Materie. Das Ziel der Evolution sei die Liebe, die stufenweise dahin tendiere, die Hauptsache zu werden und zuletzt die einzige und höchste Form. Der als Geologe und Paläontologe streng naturwissenschaftlich arbeitende, als katholischer Priester und Ordensmann im Zölibat lebende Teilhard neigt am Ende seines Lebens zu einer besonderen Hervorhebung des Weiblichen, des „Einigenden“. Ihm entfalte sich nichts mehr, „es sei denn unter dem Blick und dem Einfluss einer Frau“.

Für Teilhard waren als Naturwissenschaftler die überwältigende Fülle der Erkenntnisse zur Evolution des Kosmos und des Lebens, die er selbst z. B. in „Der Mensch im Kosmos“ (‘99) für die Vorstufen der Entwicklung des Menschen – sein eigentliches Fachgebiet – mit großer Präzision beschrieben hatte, diese Fülle der Einzelfakten also war nicht mehr wegzudiskutieren und schwer mit seinem christlichen Glauben an die Schöpfung des Menschen durch einen geoffenbarten Gott zu versöhnen. War der Mensch wie ein Sandkorn in den unendlichen Weiten des Kosmos verloren oder geborgen in der Fürsorge Gottes? Ihm gelingt eine für seine Gegner erstaunliche Konstruktion; für ihn selbst und seine Anhänger die Herausfindung einer wunderschönen Realität: „Meines Erachtens gibt es für das denkende Wesen keinen entscheidenderen Augenblick als den, wo ihm gleichsam die Schuppen von den Augen fallen und es entdeckt, dass es nicht einsam in den Einöden des Weltalls verloren ist, sondern dass ein universeller Lebenswille in ihm zusammenströmt und sich in ihm vermenschlicht. Der Mensch ist nicht, wie er so lange geglaubt hat, fester Weltmittelpunkt, sondern Achse und Spitze der Entwicklung – und das ist viel schöner". In der Tat ist für diejenigen, die den neuen Glauben an den universellen Lebenswillen und die „liebesfähig gewordene Materie" annehmen wollen, die „Erkenntnis", selbst die Achse und Spitze der gesamten kosmischen Evolution zu sein, seit etwa 14 Milliarden Lichtjahren unterwegs und nun das Ziel, den kosmischen Christus, das Omega, zu erblicken, eine sehr erhebende und befriedigende Vorstellung.

„Es ist nach unserer Erfahrung völlig klar, dass der Aufstieg (die Emergenz) im Laufe der Evolution sich nur nach und nach durchgesetzt, in mechanischer Abhängigkeit vom Vorhergehenden. Zuerst gruppieren sich die Elemente, dann offenbart sich die Seele" („Der Mensch im Kosmos", S. 278). „Die Pyramide, deren Spitze von der Basis gehalten wird. Das ist es, was im Laufe der Entwicklung erscheint. Das ist aber auch die Art, in der sich uns der Punkt Omega selbst am Ende des Vorganges enthüllt. Er ist das letzte Glied der Reihe und doch zugleich außerhalb der Reihe. Er ist nicht nur die Krönung, sondern auch der Abschluss. Wenn er nicht von Natur erhaben wäre über Raum und Zeit, die er in sich sammelt, so wäre er nicht Omega. Eigengesetzlichkeit, allgegenwärtiges Wirken, Irreversibilität und schließlich Transzendenz: Das sind die vier Attribute von Omega." (S. 279). Teilhard sieht das schwierige Problem, wie aus physikalischen Zerfallsprozessen (Entropie) die Evolution des Lebens, also Zusammenhalt und Wachstum, hervorgehen solle, wie der Übergang von Divergenz zu Konvergenz zu verstehen sei. Seine Antwort: „Die Flucht aus der Entropie durch Rückkehr zu Omega" (S. 280) – „in Gegenrichtung zu einer Materie, die sich verliert … ihren Konvergenzpunkt erreicht – am Ende der Welt" (S. 281). „Die hypothetische Konvergenzzone, die sich nach Omega hin erstreckt", versucht er in der zeitlichen Betrachtung der bisherigen menschlichen Entwicklungsstufen und seiner Vorstufen innerhalb der Familie der Primaten ebenfalls zeitlich abzuschätzen: „Nach Analogie mit den anderen lebenden Schichten müsste man ihre Dauer nach Jahrmillionen berechnen" (S. 194). Dies ist nun eher weniger tröstlich, denn Jahrmillionen sind für die jetzt Lebenden doch relativ weit entfernt. Aber das Prinzip Hoffnung bleibt gewahrt; am Ende wird alles gut. Genial für die einen, hoch spekulativ für die anderen, schön in jedem Falle.

2.3 Deutung der Bewusstseinsevolution aus indischer Sicht: Aurobindo

Aurobindo nennt seinen Ansatz „Integral'". Unter Integration versteht er zunächst pragmatisch die Zusammenfügung von im traditionellen Yoga durchgeübten Schülern mit Bereichen, die er als außerhalb der Person befindlich betrachtet und denen er neue Namen gibt. Unter Integration versteht er aber auch im allgemeinen Sinne die Zusammenfügung seiner indischen Tradition mit dem europäischen Denken sowie insbesondere die Versöhnung der nach innen gerichteten Übungen und Meditationen mit den besonders für Indien so drängenden sozioökonomischen und ökologischen Verpflichtungen. (Aurobindo '57; '72; '74)

Neben der Integration stellt die Progression, die Evolution, die Weiterentwicklung der menschlichen Möglichkeiten, Aurobindos zweites essentielles Element seines gesamten Vorhabens dar. Um dieses Vorhaben von Evolution und Integration zu verstehen, müssen wir die biographische und geschichtliche Situation Aurobindos betrachten, nur so wird sein Werk deutlich.

Sri Aurobindo wurde am 15. August 1871 geboren, dem Tag, der später zum Nationalfeiertag für das moderne Indien erklärt wurde. Diese Ehre, die Erklärung seines Geburtstages zum Nationalfeiertag, die nicht etwa Mahatma Gandhi, dem politischen Führer, sondern Aurobindo, dem geistigen Führer, zuteil wurde, mag einen ersten Hinweis auf seine Bedeutung für Indien geben.

Aurobindo stammt aus einer indischen Mittelschicht-Familie, die von großen Spannungen geprägt war; so groß, dass die Mutter diesen Problemen auf Dauer nicht gewachsen war, psychisch krank wurde, sich von der Familie isolierte und schließlich in einer Nervenheilanstalt untergebracht werden musste. Diese Probleme resultierten in einem erheblichen Maß aus der Unfähigkeit des Vaters, die indische kulturelle Tradition mit der britischen Zivilisation in Einklang zu bringen. Er, der Vater, hatte Medizin studiert, war nach England zur postgraduierten Ausbildung gegangen und 1871 nach Indien zurückgekehrt, von seinen Einstellungen, Idealen und Lebensstil mehr britisch als indisch. Als Mensch realisierte er, dass er seine indische Tradition verloren hatte, als Arzt, dass er seine Frau an die Psychiatrie verlieren werde. Seine Lebensantwort war: Konzentration auf den Beruf und Erziehung der drei Söhne; für diese wünschte er ein besseres Leben; seine Frau glaubte er nicht mehr retten zu können. Konkret hieß dies für ihn, dass seine Söhne nicht als Inder, sondern als gebildete Europäer aufwachsen sollten. Der Vater war sehr gründlich in der Vermittlung der neuen Kultur, die den Söhnen ein besseres Leben bringen sollte. Er sorgte dafür, dass Aurobindo nicht einmal die Muttersprache, Bengali, lernte, auch keine indische Schule besuchte, sondern ausschließlich britisch erzogen mit fünf Jahren zusammen mit seinem Bruder nach Dargeeling, Nordindien, in eine Internatsschule geschickt wurde, die ausschließlich Söhnen britischer Offiziere und Beamten offen stand. Aurobindo erhielt eine exzellente schulische Ausbildung; jeder Kontakt zur indischen Bevölkerung war untersagt. Das konnte auf Dauer nicht gut gehen. Das Verbot des Kontaktes zur indischen Bevölkerung wurde strikt durchgeführt, buchstabengetreu und wörtlich, wie Aurobindo später schrieb, so dass er nichts über Indien, seine Menschen, seine Sprache, seine Kultur, seine Religion erfuhr, also in mehrfacher Hinsicht von seinen mütterlichen Wurzeln abgeschnitten wurde. In einem Traum erlebte er dies: „Ich lag und sah eine große Finsternis auf mich zukommen, die plötzlich das gesamte Universum einschloss." Wenn sich einem Menschen seine gesamte Welt verdunkelt, ist dies schon ein ziemlich deutliches Bild und macht seine späteren Anstrengungen, aus dieser Dunkelheit herauszukommen, nachvollziehbar. Sein Bruder formuliert die Situation in einem Brief konkreter: „Meine Mutter ist psychisch krank. Beurteile, wie schlimm es ist, sich nach Liebe zu sehnen, aber nichts als Hass, Verachtung und totale Herzlosigkeit zu erhalten. Ich schrie nach Brot, aber bekam einen Stein. Mein Vater war freundlich, aber strikt, und außerdem habe ich ihn nicht viel gesehen." Was soll aus solchen Jungen werden, von den Eltern wie auf eine Eisklippe geworfen? Entweder sie kämpfen und kommen durch oder sie gehen unter. Aurobindo und seine Brüder kamen durch, überlebten das Internat. Ihr Vater aber wollte die Anglisierung künftig noch strikter voranbringen, nahm sie – Aurobindo war 7 Jahre alt –, ging mit ihnen nach England und übergab sie dort einer Familie. Er selbst, nach Indien zurückgekehrt, ging an der ganzen Geschichte zugrunde, begann zu trinken und starb, als ihn die Falschmeldung erreichte, einer der Söhne sei in England gestorben. Falschmeldung, denn die Söhne starben nicht; zwar erhielten sie, da ungenügend Geld von Indien kam, keine regelmäßigen Mahlzeiten und im Winter keine warme Kleidung, aber sie konnten zur Schule gehen und lernen. Jede Art von Zerstreuung oder Vergnügen war ausgeschlossen, nur das Lernen blieb. Aurobindo, ein begabter Schüler, nutzte diese Situation. Der anglikanische Priester, bei dem die Jungen abgegeben worden waren, bekam Schwierigkeiten mit seinen Vorgesetzten und emigrierte nach Australien; die Jungen blieben bei seiner Mutter – und lernten, Aurobindo an der St. Paul's Schule in London, wo er bald zu einem Musterschüler aufstieg und deutlich über den angebotenen Lernstoff hinausging. Er lernte zusätzlich Sprachen, z. B. Französisch, las Literatur in den Originalsprachen und begann Gedichte zu schreiben. Am Ende der Schulzeit gewann er ein Stipendium, mit dem er für sich und seine Brüder sorgen konnte, wenn auch sehr mäßig – und ging zum Studium nach Cambridge. Auch während des Studiums konzentrierte er sich ganz aufs Lernen, von seinen Lehrern hoch gelobt, als „brillant" und „ein großer Geist" bezeichnet. In dieser Zeit erwachte ein neues Interesse bzw. wurde erstmals zugelassen: Indien und die Kultur, aus der er ursprünglich kam. Bengali, seine Muttersprache, die ihm in der Kindheit zu lernen verwehrt war, hatte er sich inzwischen erworben; auch Sanskrit, die Schrift der alten indischen Texte. Doch nicht nur das kulturelle Erbe Indiens interessierte ihn, sondern auch die gegenwärtige politische Situation als Kolonie in der Abhängigkeit von Großbritannien. Er trat einer revolutionären Studentenbewegung bei und wurde – brillant, wie er war – ihr Sprecher. Dies kostete ihm am Ende des Studiums die Möglichkeit, in den englischen Staatsdienst einzutreten mit dem äußeren Anlass, dass er eine Reitprüfung, damals obligatorisch, nicht bestanden hatte. 28-jährig, den Kopf voller politischer Umsturzideen, ging er zurück nach Indien und trat verschiedenen religiös-nationalistischen, heute würden wir sagen: fundamentalistischen indischen Bewegungen bei; in der einen Hand die Bhagavatgita (das der Bibel und dem Koran vergleichbare heilige Buch der Inder), in der anderen Hand das Schwert – so die Symbole der Bewegung. Aurobindo wurde zum militanten Untergrundkämpfer, ganz der Befreiung Indiens von der englischen Herrschaft verpflichtet, schrieb Artikel, gab Zeitschriften heraus, organisierte Gruppen für den bewaffneten Kampf. Sein Leben spaltete sich in zwei Bereiche, nachts Agitator und Organisator des Befreiungskampfes mit dem Ziel, wie er später schrieb, „der bewaffneten Revolution in ganz Indien"; tagsüber ein geachteter Intellektueller, zunächst Sekretär und Redenschreiber eines regionalen Maharajas, danach Professor für englische Sprache und Literatur, auf allen Gebieten sehr erfolgreich.

Aurobindo heiratete in traditioneller indischer Weise, hielt aber seine Frau so auf Distanz – er bezeichnete sie für seine hehren Ziele als zu simpel –, dass diese nach kurzer Zeit starb. Alles betrieb er mindestens so gründlich wie sein Vater; auch dessen Frau war an der Radikalität der

Ansichten und Lebensführung zerbrochen und in der Psychiatrie gestorben.

Zu dem politischen Kampf und der akademischen Karriere kam 1904 ein drittes Element: Yoga, wieder mit enormem Einsatz: drei Stunden früh, zwei abends; insbesondere Atemübungen, Pranayama, wurden für ihn das „einzig Wahre". Neben dem „Einzigen" war er politisch zum Führer der nationalen Widerstandsbewegung aufgestiegen; eine Position, die nach Verhaftung, Gefängnis und Exil von Gandhi übernommen wurde; doch das kam später. Zunächst trieb er das „Einzige" voran. Pranayama reichte nicht mehr, er wollte die vertiefenden Übungen, von Kontrolle der Gedanken bis Dhyana, in der Regel mit Meditation übersetzt, und engagierte einen Lehrer. Dessen erste Übung: Drei Tage totale Isolation in einem geschlossenen Raum: „Setz dich hin, beobachte deine Gedanken, wie sie von außen in dich hineinfließen. Bevor sie in deinen Geist eindringen, schlage sie zurück. Mache dein Bewusstsein leer, dein Geist muss vollkommen ruhig werden und das ganze Bewusstsein muss unbeweglich werden." Er berichtet: „Ich sah und fühlte wirklich, wie die Gedanken sich mir näherten, und ich war fähig, sie zurückzuschlagen, bevor sie in meinen Geist eindrangen. In drei Tagen, oder sollte ich sagen in einem Tag, war mein Geist erfüllt von ewiger Ruhe. Diese Ruhe ist immer noch vorhanden." Er nannte dies später eine sehr starke Erfahrung, die er weiter in die Worte fasst: „Diese Erfahrungen erlaubten mir, die Welt mit einer erstaunlichen Intensität zu betrachten, wie in einem Film, in dem die Charaktere leere Formen sind in der unpersönlichen Universalität des absoluten Brahman. Dies war die Erfahrung des schweigenden Brahman, ohne Zeit und Raum, und sie wurde erreicht, nachdem eine totale permanente Stille mein Bewusstsein ausgefüllt hat." Sein Lehrer war entsetzt: „Das ist nicht Gott, sondern der Teufel." Er konnte ihn nicht mehr erreichen und keinen Einfluss mehr auf ihn ausüben; verabschiedete sich mit dem Hinweis, er solle sich völlig seinem inneren Geist übergeben mit der gleichen Totalität und Achtung, die er dem Führer einer Armee entgegenbringen würde. Dies tat Aurobindo und bezeichnete rückblickend seinen ersten Lehrer als denjenigen, der ihm die entscheidende Richtung für alle späteren Erfahrungen gegeben hatte. Warum aber hatte sich sein Lehrer so negativ geäußert, seine Erfahrung als die des Teufels bezeichnet, also ihm damit massiv abgeraten, und warum war Aurobindo darüber nicht beunruhigt und fragte nach, was er denn damit meinte – oder unterließ weitere Übungen? Jeder gute Schüler würde doch auf das hören, was sein

Lehrer sagt, fragen, was er falsch gemacht habe bzw. was er anders machen solle.

Die Situation des Nachfragens und des Sich-abhalten-Lassens, auch und gerade von seinem Lehrer, ist eine sehr entscheidende und lässt sich vielleicht aus einem Bericht Ramanas verstehen – eines weit fortgeschrittenen Jana Yogis, der zeitgleich mit Aurobindo lebte. Auch dieser hatte einen Schüler, der nach einiger Zeit meinte, er sei jetzt so weit, sich in die Einsamkeit zurückzuziehen und allein zu meditieren. Er fragte seinen Lehrer und Ramana sagte nein. Der Schüler, voll großer Verehrung für seinen Lehrer und vollkommen auf das hörend, was dieser ihm sagte, blieb bei ihm. Nach einem Jahr fragte er ihn erneut, Ramana sagte wieder nein. Als er nach einem weiteren Jahr auf die gleiche Frage erneut abschlägig beschieden wurde, platzte es aus ihm heraus: „Als du jung warst, bist du doch genau den gleichen Weg gegangen." Richtig, erwiderte ihm Ramana, aber ich habe auch nicht gefragt. – Wer fragt, ist unsicher und hat damit schon verloren; immer ist ihm abzuraten; erst wer selbst durch Sätze, dass er des Teufels sei, nicht mehr zu beeindrucken ist, hat die Sicherheit und das Potential, den Weg zu gehen; er hat die Verantwortung für sich übernommen.

Soweit zunächst zur inneren Entwicklung. Auch bezüglich des äußeren Lebens übernahm Aurobindo die Verantwortung. Sein Ziel, die Befreiung Indiens von der britischen Herrschaft, führte 1908 zum offenen Kampf. Bei einem Attentat auf den Provinzgouverneur wurde dieser zwar nicht getroffen, aber zwei unbeteiligte Frauen wurden getötet. Die britische Regierung schlug hart zurück, verhaftete Aurobindo als den Anführer der Bewegung zusammen mit etwa hundert seiner Komplizen. Der Prozess wurde um Aurobindo gruppiert, er und 36 seiner Mitstreiter wurden verurteilt und ins Gefängnis geschickt, er in Einzelhaft. Hier hatte er Zeit. Aurobindo nutzte sie, seine inneren Übungen fortzusetzen. Die jahrelangen Pranayamaübungen über mehrere Stunden pro Tag hatten ihn zu innerem Licht und Energiephänomenen geführt, die Übungen mit seinem Lehrer zu dem Zurückdrängen der Gedanken und einer Ruhe und Leere, die er „brahman" nannte (brahman – der indische Name für den unpersönlichen Aspekt des Göttlichen – in Ergänzung zu „atman", dem innerhalb der Person erlebten gleichen Bereich). Jetzt in der Isolationshaft des Gefängnisses, begann er zu beten; zunächst ohne eine Namensnennung: „Wenn Du existierst, kennst Du mein Herz, Du weißt, dass ich nicht mukti (Bezeichnung für die innere Befreiung) anstrebe. Ich fordere nichts von all dem, was andere fordern. Das Einzige, was ich wünsche, ist die Kraft, die Stärke, meiner Nation zu dienen. Das Einzige, was ich möchte, ist, dass es mir gegeben sei, für meine Nation, die ich liebe, zu leben und zu arbeiten. Ich bitte darum, meine ganze Existenz dieser meiner Nation widmen zu dürfen." Eine innere Stimme antwortete ihm: „Fürchte dich nicht, da ich dich führe. Widme dich deinem Lebenswerk; dafür habe ich dich ins Gefängnis geschickt. Wenn du wieder entlassen wirst, vergiss dies nicht: Niemals fürchten, niemals schwanken. Niemals vergiss, dass all das mein Werk ist, nicht deines oder das irgendeines anderen. Ich bin Vasudeva, Narayama (Namen indischer Gottheiten), was geschieht, ist mein Wille, nicht der Wille von anderen. Meine Pläne können von keinem Menschen gestört werden." Er hörte nicht nur die Stimmen der Gottheiten, er sah auch alles um sich herum als ihre Manifestation: „Ich sah auf das Gefängnis, das mich von meinen Kameraden trennte, und die hohen Wände waren nicht länger ein Gefängnis für mich. Nein, es war Vasudeva, der mich umgab. Ich ging auf und ab unter den Ästen eines Baumes vor meiner Zelle und ich wusste, das ist Vasudeva, Sri Krishna (anderer Name für eine Mensch gewordene Gottheit), den ich dort stehend sah, seinen Schatten über mich ausbreitend. Ich sah auf die Eisenstäbe des Fensters meiner Gefängniszelle und den Eisenrahmen, der als Tür diente, und wieder sah ich Vasudeva. Es war Narayama, der mich bewachte und mich beschützte. Ich lag auf den Decken, die man mir als Bett gegeben hatte, und um mich herum fühlte ich die Arme Sri Krishnas, die Arme eines Freundes, der mich liebte. Ich sah auf die anderen Gefangenen, die Diebe, die Mörder, die Betrüger – und wenn ich auf sie sah, erblickte ich Vasudeva. Es war Narayama, den ich in diesen dunklen Seelen und geschlagenen Körpern fand. Dies war die erste praktische tiefe Vision, die Er mir gab."

Das Verständnis und die Beurteilung solcher Passagen fallen nicht leicht. Würde ein Arzt zu einem Gefangenen in Isolationshaft gerufen, der nach einiger Zeit Stimmen hört und Bilder sieht, so wäre seine Diagnose: Psychose (sog. Haftpsychose). C. G. Jung gibt zu diesem Phänomen ein differenziertes Urteil. Er war selbst Psychiater und mit ähnlichen Begebenheiten vertraut – er ging im Garten auf und ab und ein Mann diktierte ihm den Text zu seinem roten Buch –, aber außer ihm sah und hörte diesen Mann niemand. Er urteilte, wenn einer seiner Patienten in der Klinik ihm dergleichen berichten würde, wäre die Diagnose klar – und argumentierte, warum er für sich diese Diagnose nicht glaubt stellen zu müssen: Ich lebe mit meiner Frau und meinen Kindern in der Familie, ich arbeite als Arzt und leite eine ganze Klinik. All dies aber können meine Patienten nicht. Abstrakt formuliert benutzt er das Kriterium der Beziehungs- und Arbeitsfähigkeit. Wir werden ganz am Ende bei den Voraussetzungen zu vertiefter Meditation auf dieses Kriterium zurückkommen.

Einem befreundeten Anwalt gelang es nach etwa einem Jahr, Aurobindo aus dem Gefängnis frei zu bekommen unter der Versicherung, dass er, Aurobindo, von jeglicher politischer Tätigkeit ablasse. Aurobindo gab diese Versicherung, aber weder die Regierung noch die Geheimdienste glaubten dem Versprechen, sondern es wurden Pläne gemacht, ihn erneut festzusetzen. Freunde warnten ihn, er ignorierte diese Warnungen und begann erneut öffentliche politische Erklärungen abzugeben. Auch weitere Warnungen schlug er aus, bis eine innere Stimme ihm sagte, er solle Kalkutta – dort hatte der Prozess sich abgespielt – verlassen. In einer Art Nacht- und Nebelaktion – „innerhalb von 10 Min. war ich auf einem Schiff", floh er nach Pondicery in Südindien, einer französisch besetzten Enklave, wo er vor den Zugriffen der britischen Kolonialbehörden sicher war. Er hat diese französische Enklave zeitlebens nicht mehr verlassen. Hier war er zwar sicher, aber in einer Situation, die ihm aus seiner Jugend nicht unbekannt war: bittere Armut. Wieder konzentrierte er sich auf das, was er konnte: schrieb Artikel, betätigte sich als Übersetzer und Herausgeber von Schriften. So hielt er sich und eine Hand voll Begleiter am Leben. Die britische Regierung versuchte alles, seine Auslieferung zu erreichen, vergebens. Zwar versicherte er wiederholt, sich nicht mehr politisch betätigen zu wollen, schrieb aber: „Ich beschäftige mich mit dem Leben hier auf der Erde, nicht mit metaphysischen Welten. Was ich suche, ist Realisation meiner Ziele hier auf der Erde (genau das ist – wenn es viele Menschen betrifft – Politik) und keinen Flug zu entfernten Gipfeln. Alle anderen Yogaarten (er hatte angegeben, sich nur noch mit Yoga beschäftigen zu wollen) erachten dieses Leben als eine Art Durchgangsstadium; der supra-mentale Yoga (so nannte er jetzt seinen Yoga) betrachtet als Hauptziel die Erfüllung in diesem Leben und diesem Körper." Auch wenn Aurobindo in dieser Zeit mit religiösen Konzepten arbeitet, seine Ziele bleiben politisch. Er wollte eine Art Gottesstaat auf Erden und kommt damit Konzepten nahe, wie sie im christlichen Bereich von Augustinus bis Thomas Morus entwickelt wurden und im islamischen Denken in unseren Tagen wieder verbreitet werden. Insofern war das tiefe Misstrauen der britischen Regierung berechtigt, aber genau so berechtigt die Ehrung, der geistige Vater des neuen indischen Staates zu sein – wir hatten eingangs darauf hingewiesen, dass der indische Nationalfeiertag auf seinen Geburtstag gelegt wurde, auch wenn der 1945 gegründete indische Staat kein Gottesstaat wurde, aber die Befreiung von der britischen Kolonialherrschaft erreichte und dafür die kulturell-religiösen Konzepte der indischen Tradition eine wesentliche Grundlage und Antriebskraft bildeten.

Hier aber sind wir bei unserer Darstellung in den späten 20er Jahren, in der französisch besetzten Enklave von Pondicery, Schutzraum für

Aurobindo und Zeit, sein Konzept seines Yoga und der Vision einer Stadt der Zukunft reifen zu lassen. Er schrieb ein Buch nach dem anderen, zum Integralen Yoga: im Yoga durchgeübt, über das Individuum hinaus gehende Kräfte, als göttlich betrachtet, auch supra-mental bezeichnet, integrierend, realisiert in einer neuen sozialen Ordnung. Dieses Konzept des Integralen Yoga und der Vision einer Stadt der Zukunft wurde über Indien hinaus bekannt, zog viele Bewunderer und Schüler an, unter ihnen auch die Französin Mira, später „Die Mutter" genannt und Gründerin von Auroville, eben jener Stadt der Zukunft, die Aurobindo entworfen hatte. Mira Richards, die Mutter, ist so eng mit Aurobindos Leben und Werk verbunden, dass wir etwas ausführlicher auf sie eingehen müssen. Seine erste Frau hatte Aurobindo als zu simpel bezeichnet, sie war seinen enormen Anforderungen so wenig gewachsen, dass sie früh starb. Mira war keineswegs simpel. Französin, von türkisch-ägyptischer Abstammung, hatte sie schon als Kind besondere Erlebnisse und verhielt sich etwas auffällig. Sie habe, so schreibt sie später, als Kind nicht etwa mit Puppen gespielt, sondern still auf einem Stuhl gesessen und meditiert – was immer ein Kind von vier Jahren darunter verstehen mag. „Kind," so ihre Mutter, „warum sitzt du denn da mit einem so ernsten Ausdruck? Du siehst ja aus, wie wenn die Last der ganzen Welt auf deinen Schulter ruht." „Das ist genau, wie ich mich fühle" – vier Jahre, etwas auffällig möchten wir das nennen. „Ich begann zu verstehen, dass ich eine große Aufgabe werde erfüllen müssen, von der jetzt noch keiner etwas ahnt" – mit vier Jahren. Ihre Familie, großbürgerlich, nicht unvermögend, gestattete ihr dagegen ein sorgenfreies Leben: Klavier spielen, Tennis, Schule; sie war begabt, Mathematik ihr Lieblingsfach. In ihren Träumen sah sie eine Gestalt, mit konkreten Gesichtszügen, später glaubte sie, genau diese Gestalt im realen Leben wiederzuerkennen – in der Kindheit gab sie ihrer Traumgestalt den Namen Krishna.

Eine sorgfältige Biographie müsste herausarbeiten, wo sie dies alles her hatte; diese Biographie ist bisher nicht bekannt. Wir stützen uns hier auf die Berichte von Borger '93.

Während ihrer Sitzungen, die sie Meditation nannte, fühlte sie ein Licht über ihrem Kopf: „Natürlich verstand ich nicht, was vor sich ging, es war nicht das Alter (wir sind immer noch in den Jahren ihrer Kindheit), solche Dinge zu verstehen." In der Schule fiel neben ihrer Begabung und Interesse für Mathematik ihr exzellentes Gedächtnis auf. Mit

15 Jahren wechselte sie auf die „Ecole de Beaux Arts“ , traf dort im gleichen Jahr den Maler Henri Morisset, ihren ersten Mann, und gebar mit 20 Jahren ihren Sohn André. Ihr Interesse galt in dieser Zeit indischer Literatur und Yoga. Mit 28 ging sie nach Algerien, um dort Spiritismus und okkulte Techniken zu lernen. Mit 31 traf sie ihren zweiten Mann, Paul Richards, einen Theologen und Philosophen, der bei Aurobindo gewesen und ihr begeistert von ihm berichtet hatte. 1914 fuhr sie selbst nach Pondicery; dort begegnete sie ihm, Krishna, der Vision ihrer frühen Träume: „Ich ging die Stufen zu ihm hinauf, er stand oben an der Treppe und wartete auf mich. Exakt meine Vision; mit exakt demselben Anzug, dieselbe Figur, dasselbe Profil, derselbe Kopf. Er wandte sich mir zu und ich sah in seinen Augen, dass er es war. Der alles entscheidende Schock (The decisive shock).“ „Da waren wir, standen Seite an Seite und fühlten beide, dass nun das große Werk vollendet würde. Von diesem Moment an war nichts mehr zu sagen, keine Worte, nichts. Wir wussten, that's it.“ Ihr Mann, Richards, verstand, dass er seine Frau an Aurobindo verloren hatte; er leistete keinen Widerstand, ging nach Amerika und schrieb ein Buch über Aurobindo „The Coming Spiritual Leader of Asia.“

Mira übernahm den Haushalt der schnell wachsenden Gemeinschaft. Um Aurobindo und sie wuchs ein Ashram, verzweigt über die ganze Stadt Pondicery, mit Gästehäusern, Produktionsstätten (z. B. einer kleinen Papierfabrik), Schulen, Kliniken; im Laufe der Jahre zum größten Ashram Indiens der damaligen Zeit mit etwa tausend Schülern angewachsen. 1926 übertrug Aurobindo die Leitung des Ashrams an Mira, inzwischen „Die Mutter“ genannt, und zog sich selbst für 25 Jahre, den Rest seines Lebens, in einen einzigen Raum im ersten Stock des Hauptgebäudes des Ashrams zurück; zugänglich nur für eine Person, Mira, „Die Mutter“. Er selbst verließ selten den Raum, und wenn, dann um seine Studenten zu besuchen, schweigend, er sprach kein Wort. In seinem Raum arbeitete er unermüdlich, beantwortete Briefe und Fragen, arbeitete an seinen Büchern, das System seines umfassenden Yoga weiter darstellend. Integral nannte er ihn: die Integration des im Yoga Durchgeübten mit dem, was er als unabhängig von ihm und von jeglicher Person erlebt hatte; verschiedene Namen gab er diesem Bereich; mal traditionell als „Göttlich“ bezeichnet; dann nur mit „Er“ benannt; als „Göttliches im Menschen“, aber auch mit eher psychologischen Begriffen: „Supramental“, „Overmind“. Immer ging es ihm um Evolution, um progressive Entwicklung, um die Erreichung höherer Stadien des Bewusstseins, in denen das Bewusstsein das Individuum als einen Teil von sich erfährt. Das Bewusstsein hat ein Individuum; nicht umgekehrt – wie wir es normalerweise erleben. Dies ist die nach oben gerichtete, vertikale Integration, der Aufstieg zu veränderten, die Subjekt-Objekt-spaltung überwindenden „höheren“ Bewusstseinsstufen. Aurobindo wollte aber auch eine horizontale Integration, die Einbeziehung der ökologischen Umwelt und des sozialen Umfeldes. Er wollte eine Gesamtintegration, eine All-Einheit, horizontal und vertikal, nichts ist getrennt und kann getrennt werden, auch und vor allem nicht Mensch und Natur. So wie die Milch nicht von der weißen Farbe und das Feuer nicht von der Hitze getrennt werden können, so kann kein Phänomen vom anderen getrennt werden. Diese immanente oder horizontale Einheit sollte mit der transzendenten oder vertikalen Einheit, den höheren Bewusstseinsstufen, die er als „göttlich“ erfahren hatte, verbunden werden. Für Aurobindo strebt die Evolution zu einer umfassenden, holistischen Einheit, vergleichbar dem Mahayana in der buddhistischen Tradition, dem großen Boot, in dem alles Platz hat, im Unterschied zum traditionellen Hinayana, dem kleinen Boot, in dem der je Einzelne seine Entwicklung voranbringt. So wie in den traditionellen Yogawegen der je Einzelne sich voranübt (vergleichbar dem buddhistischen Hinayana), vertritt Aurobindo dagegen mit seinem Integralen Yoga – ein „großes Boot“, in dem alles enthalten ist. Im Christlichen wäre Aurobindos Vision von der umfassenden Einheit, auf die alles zustrebt, mit dem Omega-Punkt Teilhards zu vergleichen; Omega, ebenfalls alles in sich integrierend und absorbierend. Aurobindo wollte nicht nur die konzeptuelle Integration von Immanenz und Transzendenz und deren Realisationsformen den Stufen der Evolution überlassen, wie dies Teilhard tat, sondern deren praktische Realisation, seiner Stadt der Zukunft. Als politischer Mensch wollte er Praxis, nicht Entwürfe. Es ist ihm nicht mehr vergönnt gewesen, 1950 starb er, die Realisation wurde das Werk der „Mutter“. Die Planungen zur Gründung einer Stadt der Zukunft – später Auroville genannt – lagen vor. Ab 1968 wurden südlich von Pondicery größere Flächen weitgehend unbebauten Landes aufgekauft, mit Waldgürtel bepflanzt, eine spiralförmige Siedlung angelegt, in der Mitte ein enormer Kugelbau als Symbol der Einheit; noch immer wird sowohl an dem Kugelbau wie der spiralförmig angelegten Siedlung gebaut. Eine Stadt wurde es nicht, eher eine großzügig angelegte Siedlung, in der heute etwa 1200 Menschen aus vielen Nationen leben; engagiert in dem weiteren Ausbau und der Integration der umliegenden indischen Dörfer mit Entwicklungshilfe, Schulprojekten, weiterer Aufforstung. Integration im besten Sinne des Wortes – aber auch zu einem erheblichen Preis. Die praktischen Arbeiten beanspruchen die Bewohner von Auroville derart, dass für vertikale, transzendente Integration kaum Zeit und Energie bleibt. Auch zeigt sich, dass Aurobindo für die innere Entwicklung keine eigene Technik, keine Übung entwickelt hatte. Jetzt, 50 Jahre nach seinem Tod, werden sowohl im Ashram in Pondicery wie in Auroville wieder traditionelle Übungstechniken wie Hatha- und Japa-Yoga entdeckt (Japa-Yoga eine Art Yoga der Verehrung – bhakti – mit kurzer, mantramartiger Wiederholung eines Namens). Als Lassalle, der Zenlehrer, auf den wir später kommen (Kap. 5.2), Auroville besuchte, war sein nüchternes, eher unterkühltes Urteil, für Zenmeister nicht untypisch: „Eher ein Platz der Arbeit als ein Platz der Meditation.“ Integration nach außen und innen zusammenzubringen darf auch als schwierige Aufgabe gelten. Aurobindo selbst hatte sich in den letzten 25 Jahren eher der inneren Arbeit gewidmet; Rückzug in ein Zimmer über 25 Jahre und kein Wort nach außen; für jemanden, der soziale und ökologische Integration zu seinem speziellen Thema macht, eine bemerkenswerte Variante; seine Schüler und Anhänger, sich überwiegend dieser sozialen und ökologischen Aufgabe widmend, sehen sich mit dem entgegengesetzten Bedenken konfrontiert: zu wenig innere Entwicklungsarbeit. Die Kritiker der einen wie der anderen Seite dürfen demonstrieren, dass sie Innen und Außen besser versöhnen können.

2.4 Ken Wilber

Wilber kann als der zurzeit bekannteste und bedeutendste Theoretiker der Evolution des Bewusstseins betrachtet werden. Von enormer Produktivität – bislang etwa 20 Bücher – mit der Fähigkeit, ganze Wissensgebiete verständlich auf wenigen Seiten zusammenzufassen, strebt er einen Gesamtüberblick über den derzeitigen Wissensstand an, sowohl Natur- wie Geisteswissenschaften, abendländische wie östliche Traditionen integrierend. Verschiedene Schul- und Geistesrichtungen haben versucht, ihn für sich zu reklamieren, er selbst betrachtet sich als einen Vertreter der philosophia perennis, einer Gesamtkonzeption der Wirklichkeit, die ihm wegen der Fülle und Systematik der erfassten und geordneten Einzelgebiete von seinen Anhängern so schmeichelhafte Bezeichnungen eintrug, der Aristoteles unserer Zeit oder der Einstein des Bewusstseins zu sein.

Geboren 1949 in Oklahoma, USA, hatte er eine bewegte Kindheit mit mehreren wechselnden Schulen, bedingt durch die häufigen Versetzungen des Vaters als Angehöriger der Armee. Von ihm, einem in den USA bekannten Sportler (Leichtathletik), habe er, so berichtet Wilber später, die Neigung zu einer disziplinierten Lebensweise, von der Mutter den Hang zur Ästhetik und Kunst.

Als Einzelkind sei seine Kindheit und Jugend eine glückliche Zeit mit vielen Freiheiten gewesen. In der Schule gut, meist Klassenprimus, wurde er „the brain" genannt, eine Bezeichnung, die ihn sein Leben lang begleiten sollte. Gegen den Ruf, ein Einzelgänger zu sein, ein geborener Klausner, hat er sich immer gewehrt, sie wurde ihm jedoch ebenfalls über viele Jahre eine weitere charakteristische Eigenschaft. Sich in sozial vorgegebene Strukturen einzufügen war nie seine Stärke.

Nach erfolgreichem Schulabschluss wechselte er an die Universität, schrieb sich in Medizin ein; seine Eltern hätten ihn gern als Arzt gesehen. Zwar ursprünglich an Naturwissenschaften interessiert, besonders Biologie und Chemie, hatte er bald das Gefühl, dies sei vergeudete Zeit. „Ich schrieb mich an der Duke University ein und wusste bereits am Tag meiner Ankunft auf dem Campus, dass ich hier fehl am Platz war." Ihn interessierte die Bewegung der Hippies (1968), flower power, Bewusstseinserweiterung, Spiritualität. Besonders Laotses Tao te King zog ihn in seinen Bann. „Als ich das erste Kapitel des Tao te King las, hatte ich das Gefühl, das erste Mal einer vollkommen neuen Welt ausgesetzt zu sein – einer Welt jenseits der Sinnesorgane, jenseits der Naturwissenschaften und daher jenseits meiner Person. Das Ergebnis war, dass mich Laotse in seinem Griff hatte; schlimmer noch, er ließ mich nicht mehr los" (Zitate nach Visser '02). Hinzu kamen indische Einflüsse (Krishnamurti), Interesse für buddhistische Autoren (Suzuki, Kapleau) und praktische meditative Übungen (TM), die sich zunehmend auf die Zen-Praxis unter Leitung von Katigiri Roshi konzentrierten. Sein Studium vernachlässigte er, Naturwissenschaften fanden nicht mehr sein Interesse, er erreichte aber in Biologie und Chemie einen Abschluss. Seinen Lebensunterhalt bestritt er mit Nachhilfeunterricht für Studenten und diversen Gelegenheitsarbeiten. „Die einzige richtige Arbeit, die ich jemals verrichtet habe, war Tellerwaschen. Meine einzige wirkliche Qualifikation ist die eines Tellerwäschers." Eine seiner Nachhilfestudentinnen, Amy Wagner, heiratete er (1972). Teller waschen, 9 Jahre lang, betrieb er im Geiste des Zen: einfach und wiederholbar. Dies alles hat ihm nicht geschadet; im Gegenteil. 1973 brach „the brain“ in ihm durch. Innerhalb von drei Monaten schrieb er das Manuskript zu seinem ersten bedeutenden Buch „The Spectrum of Consciousness“ (‘87). „Es manifestiert sich in meinem Geist, als sei es bereits vollständig niedergeschrieben. Ich kann es sozusagen sehen. Danach ist es nur noch eine Frage des Niederschreibens.“ Wilber versucht in seinem Erstlingswerk, das zunächst erhebliche Schwierigkeiten bei der Publikation machte (etwa 30 Verlage lehnten ab), ihm dann aber große Anerkennung in den Bereichen Transpersonale Psychologie und Spiritualität brachte, in der Geschichte der Philosophie, die er als „Ewige Philosophie“, „philosophia perennis“ darstellte, den spirituellen Aspekt, den über die konkrete Wirklichkeit hinausweisenden Aspekt des Seienden herauszuarbeiten. Das Buch gliedert Wilber in zwei Teile: Evolution und Involution. Er versucht unter Evolution herauszuarbeiten, wie das ursprünglich ungeteilte (non-duale) Bewusstsein seine Ganzheit auseinanderfaltet; geteilt, fragmentiert zum „Spektrum des Bewusstseins“ wird und in der Involution durch Wachstum, Entwicklung, psycho-spirituelle Mittel wie Meditation wieder integriert, geheilt, zur letztgültigen Einheit zusammengefügt (re-membered) wird: ein ebenso gewagter wie beeindruckender Entwurf. Später wird er noch deutlicher: „Die Essenz meiner Arbeit ist: Die Existenz Gottes oder eines Absoluten Geistes ist real und belegbar“ (Visser ‘02). Das erfreut die einen, endlich kommt jemand, der kurz und bündig erklärt: Die Existenz Gottes ist real und belegbar. Die andern schütteln den Kopf und verweisen Wilbers Bücher in die Regale der Esoterik. Philosophie – Wilber möchte ja die philosophia perennis zur Sprache bringen – und Theologie sind überrascht. Da gehen nun Pro und Kontra der Belege für die Existenz Gottes, traditionell Gottesbeweise genannt, über die Jahrhunderte hin und her, bis zu Hegels ontologischem Gottesbeweis, weil Gott schon deswegen existieren müsse, weil wir einen Begriff von ihm haben. In Hegels System des absoluten Idealismus schlüssig – er handelt ja die gesamte Realität im Bereich der Logik ab – der Hegelschen Logik; außerhalb dieses Systems natürlich nicht. Wie kommt Wilber zu solchen Aussagen? Seinen Biographen (Visser) lässt er mitteilen, er habe mehrere Male Satori, „kurze Momente der Erleuchtung“ gehabt; Satori als ein Erleben, das in der Interpretation unserer Kultur als die „Erfahrung des Absoluten“ verstanden wird. Weiter berichtet er: „Elf Tage und Nächte schlief ich nicht, ich war rund um die Uhr wach. Am Ende dieses Zeitraumes legte ich mich hin und mein Körper fiel in Schlaf. Ich begann zu träumen, war mir aber des Träumens vollkommen bewusst. Anschließend fiel ich in einen tiefen, traumlosen Schlaf und war mir dieses tiefen, traumlosen Schlafes bewusst. Ich sah immer wieder neue Träume erscheinen und war mir dessen bewusst, und aus diesen Träumen erschien erneut die materielle Welt. Dieses war also die Ebene von turiya, die vierte spirituelle Ebene der hinduistischen Tradition (jenseits von Wachen, Träumen und traumlosem Schlaf). Das Gefühl dieser Erfahrung hat mich seitdem nie wieder verlassen. Ich hatte bisher zwar hier und da einen kurzen Einblick gehabt, aber nun hatte sich spontan ein fast ständig präsenter Zugang zu einem nicht-dualistischen Bewusstsein geöffnet, auch wenn dieser zeitweise weniger offensichtlich ist. Der Grund dafür ist das Fallenlassen der Identifikation mit dieser bestimmten Verbindung von Körper und Denkvermögen oder, besser noch, die Erkenntnis der ständigen Präsenz dieses nicht-dualistischen Bewusstseins. Es war nicht so, dass ich etwas sah, was ich nicht bereits früher gesehen hatte, aber ich sah es hundertfach klarer." Visser kommentiert: „Dieses Gefühl von ‚Ein Geschmack' – Wilbers Lieblingsbegriff für die Erfahrung des Einheitsbewusstseins – war offenbar sehr direkt. Ein äußerst einfaches, klares, ständig präsentes Bewusstsein, wie es der hinduistische Mystiker Ramana Maharishi beschreibt."

Für das Verständnis dieser Erfahrung ist noch hinzuzufügen, dass Wilber in dieser Zeit nicht nur die Zen-Meditation praktizierte – sitzen und atmen, keine Identifikationen –, sondern auch ein sehr akzentuiertes Leben führte. Während des Schreibens des ersten Buches habe er praktisch völlig isoliert gelebt; nur 15 Stunden schreiben, einen Liter Milch, schlafen – und wieder schreiben – über drei Monate.

Ob wir das Erleben des elf Tage ständigen Wachseins als eine psychische, innerseelische, bewusstseinsmäßige Erfahrung verstehen oder ihm in der Interpretation, dass „aus diesen Träumen erneut die materielle Welt erschien", folgen – also eine im Sinne der philosophia perennis ontologische Aussage machen möchten, darf jeder für sich entscheiden – zumindest sehen wir die Bedingungen für einen Standpunkt, dass sich die materielle Welt aus einem geistigen Zustand heraus bildet. Diesen Zustand nennt er später substantivierend durchgängig GEIST.

In rascher Folge erschienen zwei Jahre später „Wege zum Selbst" ('89); ein Jahr darauf „Das Atmanprojekt" ('90) und nach einem weiteren Jahr „Halbzeit der Evolution" ('84).

In „Das Atmanprojekt" stellt er die Entwicklungsstufen des menschlichen Bewusstseins dar, die wir in Kap. 4 nachzeichnen werden.

Nach einer Pause mit kleineren Arbeiten tritt er seit 1995 mit einer groß angelegten Trilogie (The Kosmos Trilogy) erneut an die Öffentlichkeit. Der erste Band: „Eros, Kosmos, Logos" ('96) enthält seine fundamentalen Aussagen zur Evolution, dadurch ausgezeichnet, dass sie den Gesamtprozess und seine Gesetzmäßigkeiten betrachten, auch wenn völlig neue Qualitäten entwickelt werden. Die Evolutionstheorie ist nicht mehr, wie ursprünglich von Darwin konzipiert, eine Theorie zur Entwicklung der Arten, sondern Evolution setzt sich von der Entwicklung der Materie und des Kosmos über die Lebensformen bis zu sozialen, geistigen und Bewusstseins-Phänomenen fort. Auch wenn Lücken im Verständnis des Evolutionsprozesses bestehen und Details strittig sind – für diesen Gesamtprozess übergreifende Gesetze formuliert zu haben, halten wir für eine wesentliche, vielleicht die wesentliche Leistung, die ihm dann zu Recht Vergleiche mit den eingangs genannten Namen eintrug. Dagegen lassen wir diejenigen Aspekte, in denen er sehr freizügig interpretiert, ganz offensichtlich mit dem GEIST der deutschen Idealisten Schelling, Fichte, Hegel sympathisiert, diese Bereiche, die seine Gegner zum Anlass nahmen, die im Bereich der Wissenschaften am meisten abwertende Vokabel auf ihn zu verwenden: Esoterik, mit dem Bedeutungsumfeld: verschwommen, unsachlich, unwissenschaftlich, diffus bis abstrus – eben esoterisch, diese Anteile also lassen wir auf sich beruhen und halten uns an seine unbestrittenen Leistungen, zu denen wir die Grundaussagen zur Evolution rechnen und die wir in Kap. 3 darstellen werden.

Das persönlichste und emotionalste Buch „Mut und Gnade" ('92) stellt die Beziehung zu und den Tod seiner zweiten Frau dar. Er hat die an Krebs Erkrankte über fünf Jahre – zuletzt in der Bonner Universitätsklinik – begleitet und zeigt gegenüber dem als unterkühlten und abgehobenen Denker charakterisierten den anderen Wilber von seiner emotionalen Seite. Die sonst herrschende Kühle und Abstraktheit in seinen Werken, seine Anhänger nennen es Klarheit, haben sicher eine Wurzel in der übenden Technik, der er sich verpflichtet fühlt, dem Zen. Dies ist nun einmal ein Weg, der Gefühle, überhaupt alles Menschliche, zurücklässt und Bewusstseinszustände anstrebt, die frei von allen Einzelphänomenen sind. Wir versuchen, diesem Weg gerecht zu werden und stellen ihn in einem gesonderten Abschnitt (Kap. 7.2) dar.

Mit der Beschreibung der Grundaussagen zur Evolution (Kap. 3) und den Entwicklungsstufen des Bewusstseins (Kap. 4) werden zwei zentrale Themen Wilbers behandelt; wir möchten schon hier die generelle

Übersicht, eine Art Landkarte, über die Einzelphänomene, das vier Quadranten-Modell, ausführen.

So wie das Atom lange Zeit als Grundelement sowohl des unbelebten wie des belebten Kosmos betrachtet und höhere Einheiten als Zusammenschlüsse und Gruppierungen von Atomen aufgefasst wurden, so definiert Wilber die Grundeinheit als Teil-Ganzes, das er Holon nennt. Jedes Phänomen – materiell, lebendig, geistig, sozial – kann für sich als Ganzes betrachtet werden, gleichzeitig aber als Teil eines umfassenderen Ganzen: Atom als Ganzes, aber auch als Teil eines Moleküls, also ein Teilganzes; Molekül als Ganzes, aber auch Teil, z. B. einer Zelle, also Teilganzes usw.

So wie in Richtung größerer Einheiten integriert – Atom, Molekül, Zelle usw. – lassen sich die Teilganzen, die Holons, auch in kleinere Teilganze untergliedern, z. B. Atome in Elementarteilchen (Protonen, Neutronen), diese in Quarks, Strings usw. – immer steckt ein Teilganzes im Nächstgrößeren bzw. wird gebildet von kleineren Teilganzen. Als weiteres Beispiel: Familie als Teilganzes in Dorf- oder Stadtgemeinschaft, im Staat, im Staatenbund – im Sinne größerer Teilganzen; nach unten Familie gebildet aus Individuen, diese aus biologischen Teilen, Zellen usw. nach unten. Das Modell der Teilganzen, Holons, hat Wilber für alle Bereiche der Realität durchformuliert. Er baut auf ihnen die Grundgesetze der Evolution auf; formuliert die Entwicklungsstadien des Menschen; beides eher unter dem Aspekt der Dynamik, der Entwicklung, als Längsschnitt durch die Evolution – und er baut auf den Holons sein Quadrantenmodell auf, eher eine querschnittartige Einteilung der Realitäten zu einem gegebenen Zeitpunkt.

Bei diesem querschnittartigen Quadrantenmodell unterscheidet er zunächst zwischen einer äußeren Realität, so wie sie objektiv, von außen beobachtbar, beschreibbar, messbar ist; gegenüber einer inneren, subjektiven, erlebbaren Realität. Neben diesem inneren vs. äußeren Aspekt unterscheidet er zwischen einzelnen, individuellen Phänomenen vs. Systemen, Gruppierungen. Durch diese doppelte Dichotomisierung gewinnt er seine vier Quadranten, in die jedes Teilganze eingeordnet werden kann.

(1) Der Quadrant rechts oben: außen, individuell

Die von außen beobachtbare Realität betrachtet die Reihe der Teilganzen von den subatomaren Teilchen über Atome, Moleküle, Zellen, Organismen zu Individuen. Für den materiellen Bereich ist dies die Domäne der objektiven, beobachtenden Wissenschaften: Physik, Chemie, Biologie. Der Behaviorismus setzt diesen Zugang z.B. für den menschlichen Bereich fort: von außen beobachtbares Verhalten, objektiv; jede Art inneren Erlebens wird als black box auf sich beruhen gelassen; beobachtbar sind Verhalten, Input und Output.

(2) Der Quadrant oben links: individuell, innen

Jedes Äußere hat ein Inneres. Jetzt wird die black box des oberen rechten Quadranten ausdrücklich thematisiert – für den individuellen Bereich: Erleben, Subjektivität, emotionale Innerlichkeit, Symbole, Begriffe; subjektive Intentionalität. Als Wissenschaft des „Innen" finden wir hier Phänomenologie (ein Erleben wird als Phänomen expliziert), Psychoanalyse (nicht äußeres Verhalten, sondern innere Konflikte, Ambivalenzen, subjektive Wertungen) bis zur Mathematik (die Quadratwurzel aus minus 1 – imaginäre Zahlen sind nicht in der Außenwelt beobachtbar, sondern müssen innerlich erfasst werden).

(3) Quadrant unten rechts: Systeme, objektiv beobachtbar

Jedes Individuum (Teilganze) steht in Beziehung zu anderen Teilganzen, d.h., beide oberen Quadranten haben ihre Entsprechung in den unteren Quadranten. Der Quadrant unten rechts betrachtet diese Beziehungen in Systemen von außen, aus der objektiv beobachtenden Perspektive: z.B. Systeme von Galaxien, Sternen, Planeten; Ökosysteme; gesellschaftliche Gruppen, Familien. Die äußeren Formen der Systeme, die empirisch beobachtbar sind, werden in diesem Quadranten thematisiert. Die empirischen Naturwissenschaften werden z.B. durch empirische Soziologie ergänzt: beobachtbares Verhalten von Gruppen und Gesellschaften.

(4) Quadrant unten links: Systeme, subjektiv erlebbar

Hier wird das innere, subjektive Erleben von Systemen betrachtet: Kultur, Überzeugungen, Wertvorstellungen von Systemen, Gesellschaften, Randgruppen, Familien – werden mit analytischen, phänomenologischen Methoden auf die Bedeutung ihres Erlebens hin untersucht. Entsprechend der inneren, subjektiven Bedeutung für ein Individuum (Quadrant oben links) steht die innere Bedeutung von Systemen (unten links). Symbolik, Sprache, Diskurs geben Auskunft über das Innenleben der Systeme. Die kollektive innere Bedeutung, das Weltbild der Systeme, wird unten links betrachtet.

Zusammengefasst gliedert rechts-links nach objektiv empirisch beobachtbar vs. subjektiv erlebbar; oben vs. unten gliedert in: individuell vs. kollektiv: in jedem der vier Quadranten repräsentiert durch Teilganze, Holons, in Ketten zu umfassenderem Größeren und differenzierterem Kleineren ineinander greifend als Teil, das ein Ganzes ist, aber auch Teil eines Ganzen – ein Teilganzes. (s. Abb.).

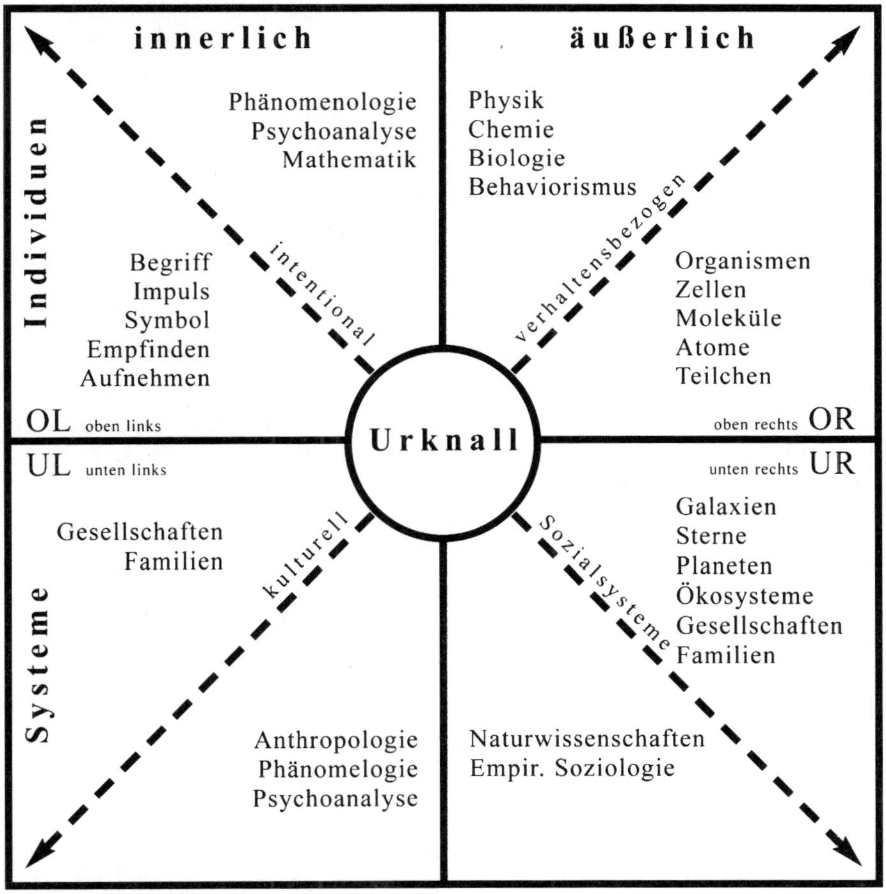

Das Vier-Quadranten-Modell nach Wilber (s. Text)

Wir kommen abschließend noch einmal auf Wilbers Leben zurück. Nach seinem Studium hatte er sich gegen eine Hochschullaufbahn, für seine psychologischen und philosophischen Studien, die verschiedenen

Facetten der Evolution und daraus hervorgehende eigene Schriften entschieden. Von seiner ersten Frau wissen wir nicht viel. Seine zweite Frau hatten wir erwähnt, auch das Buch, das Wilber eher von der emotionalen Beziehungsebene her zeigt. Wilber hat in der Zeit, als das Leben seiner zweiten Frau zu Ende ging, in Deutschland gelebt; neben „Mut und Gnade" dokumentieren die damals geführten Interviews (Zundel '97) den Menschen Wilber. In „One Taste" (Wilber '99), einer Art Tagebuch, gibt er Hinweise auf seine meditativen Erfahrungen, die er als Anhänger und Vertreter des Zen gemacht und die ganz allgemein als „weitgehend" bezeichnet werden können – zweifellos mit erheblichem Einfluss auf seine Gesamtweltsicht, insbesondere in den Teilen der Darstellung des Evolutionsprozesses, in denen er glaubt, über die individuelle und rationale Entwicklungsstufe hinausgehen zu können. Zwar gibt er an, dass naturwissenschaftliche Phänomene, z. B. der Beginn der Evolution, der Urknall – in Bruchteilen einer Sekunde entstand ein Kosmos mit offensichtlich schon feststehenden Gesetzen und den Fragen, was davor war und warum es geknallt hat, dieser Beginn der Evolution habe ihn – wie viele Naturwissenschaftler – vom Materialisten zum Idealisten gewandelt mit dem Glauben, „hinter" den materiellen Dingen müsse noch etwas zu finden sein. Dieses „Etwas", woher die Evolution kommt und auf das sie wieder zustrebt, hat er in Anlehnung an die schon erwähnten deutschen Philosophen vorzugsweise den GEIST genannt, den er insgesamt in der „philosophia perennis" immer wieder dargestellt sieht. Wilber würde sicher nicht widersprechen, wenn wir davon ausgehen, dass neben seinen Betrachtungen zur Evolution und seinen philosophischen Studien einen ganz wesentlichen Einfluss auf sein Denken die Erfahrungen im Zen mit dem Erleben einer nichtmateriellen Ebene gehabt haben und weiterhin haben. Ob diese Erfahrungen intrapsychisch zu interpretieren sind oder als Beschreibung von Bereichen, die über individuelle und psychische Bereiche hinausgehen, wird nicht nur die an Wilber zu stellende Frage sein.

Oder sollten wir deutlicher werden? Wilbers großes Verdienst – u. a. ist die Herausarbeitung der Prae-Post-Verwechslung: In der Evolution Überwundenes wird wieder als Ziel definiert – wir werden diesen Bereich im Kap. 10 zu den großen Verwechslungen weiter ausführen. Sein großes Manko dagegen: in die Nähe der Innen-Außen-Verwechslung gekommen zu sein. Psychisches Erleben, Bewusstseinsphänomene werden nach außen gestellt und z. B. als GEIST ontologisiert – so, als wären sie ein Phänomen, unabhängig vom Bewusstsein. Sein Glaube, dass die

Welt aus den Träumen – von wem auch immer – hervorgehe, sei höflichkeitshalber nur am Rande gestreift. Ist hier Wilber selbst der Prae-Post-Verwechslung zum Opfer gefallen? Die überwunden geglaubte Stufe, psychische Phänomene, Bewusstseinsinhalte, tiefes und echtes meditatives Erleben, werden so nach außen gestellt, dass sie Aussagen über die Welt, ihre Entstehung und ihr Ziel erlauben. Ordnet sich Wilber damit selbst in „Halbzeit der Evolution" ein? Ist es noch ein erheblicher Weg, bis Bewusstseinsphänomene als Bewusstseinsphänomene gesehen werden können? Wir möchten so etwas als tragisch oder im Hegel'schen Sinne dialektisch als notwendig bezeichnen: En Mann, der einen so großen Beitrag zur Durchformulierung der Evolutionsgesetze geleistet hat – die Präzisierung der Grundaussagen zur Evolution wird ihm keiner nehmen können und sollten jede Anerkennung und Würdigung finden –, ein solcher Mann verwechselt innen und außen. Bewusstseinswelten und vom Bewusstsein unabhängige Phänomene werden verwechselt. Er fällt wieder auf eine Entwicklungsstufe zurück, die daran geglaubt hatte, dass die Welt aus dem Traum und Bewusstsein entsteht; natürlich überindividuell. Sein GEIST soll keine Person oder irgendwie umschriebene Entität sein, so weit fällt er nun doch nicht zurück. Aber die Welt kommt wieder in die Nähe von Maja, Schleier, Traum. Wilber spricht explizit von der aus den Träumen entstehenden Welt, wir haben es oben zitiert. Zu der Frage, ob die Welt nach dem Erwachen aus diesem Traum, dem kosmischen Traum, nie gewesen ist, ob – um ein buddhistisches Bild zu nutzen – Erwachen ein Heraustreten aus dem Wald (der Phänomene) bedeutet oder die Erkenntnis, dass der Wald nie gewesen ist, so wie Traumbilder und Traumfiguren nach dem Erwachen eben nur Traumbilder waren (der historische Gautama Buddha verwendet dieses Bild), dazu hat Wilber nie Stellung genommen. Wir sollten es dabei belassen.

In den vergangenen Jahren, seit 2000, hat Wilber sein weitgehend als Einzelner konzipiertes Arbeitsleben aufgegeben und in Boulder (USA) das „Integral Institute" gegründet, in dem er mit einer Reihe Mitarbeitern an der weiteren Ausformulierung seines Werkes arbeitet. Nicht zu unterschätzen ist die inzwischen breit angewachsene Auseinandersetzung mit seinen Theorien – z. B. über Dissertationen, Artikel, Buchprojekten; dargestellt von Visser und seiner ständig auf den neuesten Stand gebrachten Web-Site: www.integralworld.net.

3. Grundthesen zur Gesamtevolution

Wilber versucht in seinen Werken, z. B. „Eros, Kosmos, Logos“ (Wilber 1996) eine Gesamtsicht der Evolution. Dabei unternimmt er den Versuch, Aussagen zu formulieren, die für alle Stufen der Evolution gelten; beliebig, ob es sich um physikalische Entwicklungen, z. B. kosmische Evolutionen von Sternensystemen, biologische Entwicklungen von Lebensprozessen oder soziale und kognitiv-mentale Entwicklungen handelt. Er geht von der Annahme aus, dass ein Phänomen für sich als Ganzes betrachtet werden kann: ein Stern, ein Lebewesen, ein kognitives System, zugleich aber als Teil eines nächst höheren Ganzen: Atom als Teil eines Moleküls; Stern als Teil eines Sonnensystems, Lebewesen als Teil einer Familie; kognitive Aussagen als Teil einer Theorie. Diese beiden Aspekte der Phänomene fasst er in dem Begriff vom Teil-Ganzen zusammen und verwendet dafür den bislang nicht gebräuchlichen Ausdruck Holon. Wir werden bei der nachfolgenden Darstellung der Grundaussagen bei der verständlicheren Formulierung Teil-Ganzes bleiben.

1. *Die Wirklichkeit insgesamt ist nicht aus Dingen oder Prozessen zusammengesetzt, sondern aus Teil-Ganzen.*
   Wilber glaubt mit dieser Kennzeichnung als Teil-Ganzes Dichotomien wie Welle oder Korpuskel, Materialismus oder Idealismus unterlaufen zu können und setzt an der Tatsache an, dass sich Einheiten immer weiter differenzieren lassen: Moleküle in Atome, diese in Elementarteilchen, in Quarks, in Strings, ohne dass ein Ende absehbar ist (ad infinitum nach unten), und ebenso zu größeren Einheiten bzw. Ganzheiten zusammenfügen: Moleküle in Zellen, diese in Lebewesen, Familien, Staaten, ebenfalls ohne ersichtliche Grenzen.
2. *An Teil-Ganzen sind vier Grundvermögen zu erkennen:*
   a) Selbsterhaltung
   b) Selbstanpassung
   c) Selbsttranszendenz
   d) Selbstauflösung.

ad a) Selbsterhaltung
Teil-Ganze haben eine gewisse Fähigkeit, ihre Individualität, ihre Ganzheit und Autonomie zu erhalten. Atome, Lebewesen, Galaxien usw. besitzen Muster, Strukturen, die es ihnen erlauben zu bestehen.

ad b) Selbstanpassung
Die inneren Muster, die Strukturen reichen nicht aus, Autonomie würde nur abgrenzen und isolieren. Erst die Fähigkeit, Verbindungen zu knüpfen, sich einzufügen, Beziehungen einzugehen, führt zur Kommunikation. Atome können mit anderen Atomen Verbindungen herstellen und so Moleküle bilden; Lebewesen könnten sich zu Gemeinschaften zusammenschließen; Theorien können in Beziehung gesetzt werden.

Besonders wichtig ist das Gleichgewicht zwischen a) und b): Selbst-Erhaltung und Selbst-Anpassung: Autonomie und Verbindung. Ein Überwiegen einer Fähigkeit führt zu Absterben oder Auflösung. Überwiegend Autonomie führt zu Isolation, übermäßige Kommunikation zu Verschmelzung und struktureller Auflösung.

ad c) Selbsttranszendenz
Ein Sauerstoffatom und zwei Wasserstoffatome „transzendieren", gehen auf die nächst höher strukturierte Ebene und verbinden sich so zu einem Wassermolekül. Individuelle Lebewesen verbinden sich und entwickeln sich zur nächst höheren Einheit, etwa einer Familie. Verbindungen schaffen die Möglichkeit zur Entwicklung. In der Transzendierung fallen Sein (gegebene Struktur) und Werden (sich neu bildende Struktur und Ganzheit) zusammen. Die Evolution kann als das Resultat der Selbsttranszendenz, der Überwindung der gegebenen Ebene interpretiert werden. Damit wird der horizontalen Komponente der beiden ersten Aussagen – Selbst-Erhaltung und Selbst-Anpassung – die vertikale, nach oben gerichtete Komponente der Entwicklung hinzugefügt.

Ein Überwiegen dieser notwendigen Grundeigenschaft der Evolution ist ebenso zerstörerisch wie ein Überwiegen einer der beiden ersten Grundeigenschaften.

ad d) Selbstauflösung
Teil-Ganze können zusammenbrechen, die innere Struktur verlieren.

Evolution kann sich umkehren, zu Zerfall oder Zerstörung führen. Staaten, Familien, Zellen, Moleküle können sich auflösen. Wann die Tendenz zur Auflösung überwiegt, wann ein System – ein Teil-Ganzes – so viel Energie abgibt, dass die Strukturen sich auflösen und es im Chaos zerfällt (Gesetze der Thermodynamik), führt zur schwierigen Frage der Vereinbarkeit von Evolution (Wachstum zu höheren Strukturen) und Thermodynamik (Energieabgabe und Zerfall), die schon im Kap. 1.2 zur Evolution des Lebens diskutiert wurde. Unsere Hypothese: Überwiegend geschlossene Systeme neigen zur Energieabgabe und damit zu Auflösung und Zerfall; offene Systeme, in Austausch befindliche Systeme zu Wachstum und Evolution.

3. *Teil-Ganze emergieren; d. h. gehen hervor, d. h. entstehen neu.*
Aus Atomen werden Moleküle, aus Polymeren Zellen, Lebewesen usw. Emergenz. Hervorgehen bedeutet auch Unbestimmtheit; das neue Teilganze geht nicht notwendig hervor; aus Wasserstoff und Kohlenstoff geht nicht notwendig ein bestimmter Kohlenwasserstoff hervor, sondern es bestehen mehrere Möglichkeiten; die Neuentwicklung besitzt Freiheitsgrade. Mit wachsender Evolution wachsen die Freiheitsgrade. Deterministisches Verhalten kann nur als Grenzfall gelten, wenn das Vermögen zur Transzendierung (zur Bildung einer höheren Ordnung) gegen Null geht. Vorhersagende Wissenschaft ist um so besser möglich, je geringer Emergenz, Freiheitsgrade und damit Kreativität sind. Determinierende, vorhersagende Wissenschaft ist ebenfalls als ein Grenzfall möglicher Wissenschaften zu betrachten.

4. *Teilganze emergieren als Teilganze; d. h., aus Teilganzen gehen hierarchisch neue Teil-Ganze umfassenderer Ganzheit hervor und enthalten in sich frühere Teilganze.*
Ein Lebewesen enthält Zellen, diese Substrukturen, Moleküle, Atome usw.; nicht aber umgekehrt: Atome enthalten keine Moleküle, Zellen keine Lebewesen usw. Dieses „nicht umgekehrt“ gilt auf jeder Stufe. Dadurch entsteht eine Gerichtetheit (s. unten), eine Asymmetrie, Hierarchie, Evolution. Es entstehen neue Teilganze mit neuen Strukturen, nicht einfach Haufen. Der Zusammenschluss von bisherigen Ganzen bringt ein neues Ganzes hervor, die Vielen sind um ein Ganzes höherer Ordnung vermehrt; dieses neue Ganze

ist mehr als die Summe der Teile, d.h., das neue Ganze besitzt eine neue Qualität: Ein Lebewesen ist nicht nur ein Zellhaufen, sondern eine neu organisierte Einheit.

5. *Jedes emergierende Teilganze kann weiter transzendieren und inkorporiert seine Vorläufer.*
Das vorausgegangene, das bisherige Teilganze wird bewahrt, aber das Getrennt- und Vereinzeltsein dieses Vorausgegangenen wird überwunden. Alles Niedrigere ist im Höheren, aber nicht umgekehrt, wie oben schon ausgeführt wurde. Dies gilt auch für mentale Systeme: Ein Wort ist im Satz – nie umgekehrt – unter Ablegung der Vereinzelung. Transzendieren, die nächst höhere Ordnung erreichen, heißt – auch für das soziale System – einschließend bewahren und die Vereinzelung aufgeben.

6. *Das Niedrigere setzt die Möglichkeiten des Höheren; das Höhere setzt die Wahrscheinlichkeiten des Niedrigeren.*
Das hervorgehende (emergierende) Höhere verletzt nicht die Gesetze und Grundmuster der niedrigeren Ebene. Das Niedere setzt die Möglichkeiten, den Rahmen für das Höhere (die Atome setzen den Rahmen für das Molekül; die Einzelpersonen den Rahmen für die Familie). Das Höhere, die neue Struktur, beschränkt aber die Wahrscheinlichkeit, die Beliebigkeit, die Unbestimmtheit, die Probabilitätsstruktur jedes Phänomens (die Beliebigkeit der Einzelpersonen wird z. B. durch die Familie eingeschränkt; der Satz schränkt die Beliebigkeit (Vieldeutigkeit) der einzelnen Worte ein).
Das Höhere wirkt im Sinne der Stabilisierung, d.h. der Beschränkung der Unbestimmtheit oder Variationsbreite. Das Sauerstoffatom ist im höheren Wassermolekül durch die Wasserstoffatome nicht zerstört (die Gesetze des Alten werden bewahrt), aber in der Beliebigkeit (der Bindungen) im Wassermolekül eingeschränkt; Ähnliches gilt für das Wort im Satz; das Individuum in der Familie usw.

7. *Die Anzahl der Elemente einer Hierarchie bestimmt, ob sie „seicht“ oder „tief“ ist, die Anzahl der Teilganzen ihre Spanne, ihre Ausdehnung.*
Jede Hierarchie des Evolutionsprozesses hat eine vertikale und eine horizontale Ebene. Je mehr vertikale Ebenen, desto größere Tiefe,

je mehr horizontale Einheiten, desto größer die Ausdehnung, die Spanne.

8. *Jede weitere Stufe der Evolution erzeugt größere Tiefe und geringere Spanne.*
Die Entwicklungspyramide entsteht, da die Anzahl der Wassermoleküle im Universum immer kleiner als die Anzahl der Wasserstoff- und Sauerstoffatome ist. Die Anzahl der Galaxien ist kleiner als die der Sterne, der Lebewesen kleiner als der Zellen. Die Anzahl der Ganzen wird immer kleiner sein als die Anzahl der Teile; die Tiefe (Anzahl der Entwicklungsebenen) vergrößert sich und die Spanne (Anzahl der Elemente auf einer Ebene) verringert sich.

9. *Zerstöre irgendein Teilganzes und du vernichtest alle Strukturen höherer Ordnung, nicht aber die darunter liegenden.*
Zerstöre ich die Moleküle, gehen die Zellen zugrunde, nicht aber die Atome; zerstöre ich Wörter, gehen die Sätze unter, nicht aber die Buchstaben. Das Höhere kann nicht ohne das Niedere existieren (Moleküle nicht ohne Atome), aber das Niedere ohne das Höhere (Atome ohne Moleküle). Auf jeder Ebene gilt, erst muss die niedere Ebene stabil sein, dann kann sich die höhere Ebene ausbilden. Zerfallende Atome können kein Molekül bilden. Instabile Individuen können keine Familie bilden.

10. *Teilganze koevolvieren.*
Evolution findet nicht in der Vereinzelung statt, sondern in einem Umfeld. Es bildet sich nicht ein Wasserstoffmolekül, sondern in einem Umfeld bilden sich (evolvieren) viele Wassermoleküle. Die Koevolution ist ein zentrales Charakteristikum der Evolution. Sterne bilden nicht eine Galaxie, sondern in Koevolution entstehen viele Galaxien.

11. *Mikro- und Makro-Teilganze stehen auf allen Ebenen in Beziehung und Austausch miteinander.*
Teilganze, z. B. Menschen mit der materiellen, biologischen, sozialen und mentalen Ebene, stehen vertikal und horizontal in vielfältigen Beziehungen und Austausch. Teilganze existieren durch Beziehungen; bei vertikalen oder horizontalen Isolierungen sterben sie ab.

12. *Evolution hat Richtung.*
Die Evolution unterliegt einem gerichteten Zeitpfeil. Sie hat einen Anfang (der Urknall), sie hat eine bisherige Dauer, die sich berechnen lässt (etwa 12 bis 15 Milliarden Lichtjahre). Auch die biologische Evolution hat Richtung; von den Kohlenwasserstoffen zu Organismen zur Entwicklung der Arten.

13. *Evolution entwickelt sich zu zunehmender Komplexität.*
Die Evolution des Universums ist die Geschichte der Entfaltung hin zu differenzierter Ordnung und Komplexität.
   a) *Zunehmende Differenzierung und Integration*
   Evolution ist der Übergang von einer unbestimmten, inkohärenten Homogenität zu einer bestimmten, kohärenten Heterogenität durch kontinuierliche Differenzierung und Integration. Komplexität entsteht aus der gegenseitigen Durchdringung von Prozessen der Differenzierung und Integration.
   b) *Die Evolution zeigt zunehmend Organisation und Strukturierung.*
   Die Evolution schreitet von einfacheren zu komplexeren Systemtypen fort, von niederen zu höher organisierten, d. h. „differenzierten und integrierten" Systemen; anorganische Materie ist weniger differenziert und integriert als organische; mentale Systeme differenzieren und integrieren weiter. Jede Umkehr dieses Organisations- und Strukturierungsprozesses führt zu Absterben und Tod.
   c) *Die Evolution bringt Teilganze von zunehmender relativer Autonomie hervor.*
   Relative Autonomie meint die Selbsterhaltungsfähigkeit unter wechselnden Umweltbedingungen; die innere Organisation gestattet größere Flexibilität. Hier ist nicht Haltbarkeit gemeint, sondern autonom gesteuertes Reagieren. Ein Stein ist haltbarer als ein Wurm; aber ein Stein kann auf Temperaturunterschiede nicht reagieren, wohl aber ein biologisches System. Organisierte Komplexität kann auf Einflüsse reagieren; Steine können nicht reagieren, sie zerfallen im Laufe der Zeit. Feed-back-Prozesse dienen der Stabilität und damit der Autonomie und Selbsterhaltung.

   Autonomie ist zwar stets relativ, aber die relative Autonomie nimmt im Laufe der Evolution zu. Dies begründet sich durch die

Fähigkeit der sich entwickelnden Systeme, von außen einwirkende Kräfte zu inkorporieren, nach innen aufzunehmen. Äußere Kräfte werden durch Inklusion zu mitwirkenden Kräften und steigern dadurch die relative Autonomie. Inklusion (Wandlung der von außen einwirkenden Kräfte zu mitwirkenden Kräften) und Transzendierung bewirken Wachstum, d. h. Evolution.

d) *Evolution zeigt zunehmendes Telos.*
Innere Strukturen, includierte, zu Mitwirkung gewordene Kräfte wirken auf äußere Kräfte anziehend. Sie wirken wie ein Magnet, wie ein Attraktor. Der am weitesten fortgeschrittene Zustand – beliebig, ob eines physikalischen, biologischen oder mentalen Systems – wirkt attraktiv. Dadurch entsteht ein Zug zum Ziel hin bzw. vom Ziel aus; vom Ziel geht eine Attraktion aus. Das entwickelte System wird zur jeweiligen Teil-causa finalis, zum zu Erreichenden. Das Ziel zieht an. Teil-Ziele, Etappen-Ziele ziehen als Attraktoren bisherige, in Zeit und Struktur zurückliegende Systeme an. Die Zukunft wirkt auf die Gegenwart ein. Target-responses wirken als Attraktoren. Jeder Etappen-Omega-Punkt wirkt als causa finalis. Je mehr ein jeweiliges End-Spiel in Sicht kommt, desto attraktiver wird es. Dieser Ziel-Zug, Telos, Omega-Punkt, übt zunehmend Attraktion aus. Je weiter die Evolution sich entwickelt, Stufe für Stufe, inkorporierend und transzendierend, desto attraktiver wird sie. Jedes System postuliert seine causa finalis, seinen Omega-Punkt: auf der menschlich-sozialen Ebene für Freud das zu lieben und arbeiten befähigte integrierte Ich, für Piaget das Gleichgewicht herstellende formal-operationale Denken, für Habermas rational intersubjektiver Austausch in gegenseitigem Verstehen, für Hegel der rationale Staat, für Marx die klassenlose Gesellschaft. Doch jede causa finalis unterliegt erneut den Gesetzen der Evolution von Inkorporation und Transzendieren. Jede causa finalis wird erneut attraktiv angezogen – ad infinitum. Jeder, der uns einen Omega-Punkt fixieren möchte, setzt schon die Bedingung für seine Überwindung. Der Zeitpfeil und die causa finalis bewegen die Evolution und sind infinit, nicht endlich – die Gesamtgeschichte ist offen.

4. Die Evolution des Bewusstseins bis zur logisch-rationalen Ebene

Die Evolution des menschlichen Bewusstseins in der Entwicklung des Einzelnen, die Stufenfolge der gesamten Art wiederholend, ist von verschiedenen Autoren bzw. ganzen Schulen ausgearbeitet worden: z. B. Freud, Piaget, Erikson; zuletzt Wilber ('90), dem wir hier folgen.

1. Das Bewusstsein des Neugeborenen

Das Bewusstsein des Neugeborenen können wir nur indirekt durch Beobachtung erschließen. Wir müssen annehmen, dass das Eigenbewusstsein (Ich-Selbst) und die umgebende materielle Welt noch nicht getrennt sind. Zwischen Ich und Umwelt wird noch nicht unterschieden. Piaget ('74) formuliert dies: „Während der frühen Lebensstadien sind Welt und Selbst eins, beide unterscheiden sich nicht voneinander. Das Selbst ist sozusagen materiell."

Wilber benutzt für diesen frühen Zustand einen Begriff aus der Gnostik, einer griechischen philosophischen Erkenntnislehre: Pleroma. Das pleromatische Bewusstsein müssen wir uns als objektlos und nicht-dualistisch vorstellen. Raum- und Zeitvorstellungen können noch nicht angenommen werden und mit dem Nicht-Getrenntsein von der umgebenden Welt besteht auch noch keine Vorstellung von einer eigenen Persönlichkeit.

Die Hauptcharakteristika dieses anfänglichen Bewusstseins sind damit:
- vor-räumlich
- vor-zeitlich
- präpersonal

Die erste Aufgabe des Säuglings besteht darin, eine anfängliche Vorstellung von einer äußeren Welt zu gewinnen, die nicht mehr völlig undifferenziert wie die des Neugeborenen ist. Wilber verwendet für diesen Entwicklungszustand das Bild der Schlange aus der griechischen Mythologie (Uroborus), die in sich geschlossen ist und sich selbst in den

Schwanz beißt. Der anfänglich völlig zusammenfließende Zustand, auch ozeanisch genannt, beginnt sich in zwei Bereiche zu differenzieren: das Andere und das Eigene. Der Organismus schwimmt noch wie die Instinkte beim Tier in der großen umgebenden Natur. Das individuelle Ich leidet kaum, weil noch nicht viel Ich vorhanden ist. Die ersten Spannungen zwischen dem Eigenen und dem Anderen werden z. B. in dem psychoanalytischen Ansatz von Freud als Urangst herausgearbeitet. Dieses anfängliche Bewusstsein wird von ihm als orale Phase beschrieben, da die Nahrungsaufnahme ganz im Vordergrund steht.

Als Haupt-Charakteristika ergeben sich damit:
- erste Subjekt-Objektdifferenzierung
- ozeanisch-euphorisch vs. Urangst
- primärer Überlebenstrieb
- physiologische Bedürfnisse (Hunger)
- reflexhaft, nahrungssuchend, prä-temporal, prä-personal

2. Die Entstehung des Körper-Ich-Bewusstseins

Nach etwa einem halben Jahr können wir annehmen, dass der Säugling beginnt, den physischen Körper als von der physischen Umgebung unterschiedlich zu erleben. Das wahrnehmende Subjekt wird weiter von einem empfundenen Objekt unterschieden. Es gibt hier ein Drinnen und dort ein Draußen. Wenn die Dinge jedoch aus dem Gesichtskreis verschwinden, sind sie auch aus dem Bewusstsein verschwunden, d. h., es gibt noch keine Verinnerlichung. In der psychoanalytischen Terminologie wird dieses Bewusstsein als vom Lustprinzip beherrscht beschrieben mit der Erfahrung, dass die Welt auch Unlust bereiten kann. Die seelischen Antriebe (Libido) sind noch nicht differenziert. Die Lust, sich etwas einzuverleiben, kann sich auf jedes Objekt richten.

Wilber benutzt für diesen Bewusstseinszustand ebenfalls einen Begriff aus der griechischen Mythologie; den Typhon, der als ein Wesen, halb Schlange, halb Mensch beschrieben wird.

Als Hauptcharakteristika ergeben sich damit:
- elementare Emotionen (Angst, Gier, Wut, Lust)
- unmittelbares Überleben
- vorübergehende Gegenwart, momentan, kurzlebig, konkret

3. Das (Körper)-Bild-Bewusstsein

Das Kind beginnt Bilder zu behalten, die erste Fähigkeit zur Verinnerlichung, zur Bildung innerer Repräsentanzen. Damit weitet sich auch die Welt der Objekte aus, denn es entsteht Objekt-Konstanz. Auch die Zeit weitet sich aus, da Wahrnehmungen behalten werden können. Zwar werden die inneren Bilder noch hin- und hergeschoben (sie sind noch nicht gefestigt und konstant), so dass es zu Verschiebungen und Verdichtungen kommt, in der psychoanalytischen Terminologie Primärprozess genannt.

Gegen Ende des zweiten Lebensjahres können dann akut abwesende Objekte vorgestellt werden. So entsteht weitere Dauer, d. h. die Zeitvorstellungen weiten sich aus. Auch die inneren Emotionen werden dauerhafter, aber es bestehen noch kaum innere Strukturen und damit auch kaum Hemmungen der Emotionen.

Das Körperbild dieser Phase lässt sich damit folgendermaßen charakterisieren:
- andauernde Emotionen, Wünsche und Ängste
- längerfristige Überlebens- und Sicherheitsbedürfnisse
- erweiterte Gegenwart
- nicht-reflektiertes Körper-Bild

4. Das Bewusstsein der Gruppenzugehörigkeit

Etwa mit dem Eintritt in die Schule sollten die frühen Stadien überwunden sein. Die beinahe paradiesischen Zustände der frühen Einheit werden überwunden, insbesondere durch Vollendung der Kontrolle über die Körperfunktionen. Es passiert nicht mehr einfach (Mami, es kommt, es kommt, es ist schon in der Hose), sondern die Körperkontrolle wird beherrscht. Durch Kontrolle wird der Körper transzendiert (sich ihm gegenübergestellt) und auf ihn eingewirkt. Auch die sozialen Verbote und Gebote werden weiter verinnerlicht, so dass sich der Bereich des Über-Ich (Normen) festigt.

Der Erwerb der Sprachfähigkeit wird weiter ausgebaut und mit dem Eintritt in neue Sozialfelder (z. B. Schule) die Auswärtskrümmung des menschlichen Bewusstseins bzw. Lebenszyklus vorangebracht. Höhere kognitive Stile bilden sich aus, von Piaget realistisches Denken genannt, von Freud Sekundärprozess, d. h., der zu Verschmelzung neigende frühe Primärprozess wird durch Strukturen sowohl des Denkens wie des Sozialverhaltens ersetzt. Mit der Erweiterung und Stabilisierung des Zeitbegriffes geht auch ein erweitertes Gefühlserleben einher. Besonders wichtig wird die differenzierte Gruppenzugehörigkeit. Neben der Familie, zu der ich gehöre, gibt es die Klasse, in der ich einen Platz zu finden habe. Der Erwerb der Mitgliedschaft (Peer-

Group), die Gruppenzugehörigkeit, stellt die wesentliche Erweiterung des Bewusstseins dar.

Damit ergeben sich für diesen Lebensabschnitt folgende Charakteristika:
- realitätsbezogenes Denken und entsprechende Sprachentwicklung
- zeitgebundene Gruppenzugehörigkeit
- Ausprägung der Willenskraft

5. Die Ausdifferenzierung des Ich

Für Jugendliche (Alter etwa 7. bis 12. Lebensjahr) tritt die Ausbildung des abstrakten und begrifflichen Denkens in den Vordergrund. Die Strukturierung und Ausdifferenzierung des Bewusstseins in Ich (im Wesentlichen Wollen und Wahrnehmen), Es (Antriebe) und Über-Ich (Normen) festigt sich weiter, so dass die Gruppenzugehörigkeit auf Dauer gehalten werden kann.

Die Ausdifferenzierung des Ich zeigt sich für Jugendliche besonders in den Dialogen: Jugendliche untereinander, Jugendliche und Eltern, Jugendliche und Lehrer als Dialoge nach außen, – aber auch Dialoge nach innen, z.B. in der Kontrolle der Impulse. Nach innen und außen steht die Beherrschung von Abhängigkeiten im Vordergrund. Wer ist top-dog und wer under-dog? Der Kampf mit dem Arsenal des Grauens, den top-dogs: Eltern, Lehrer, Therapeuten, und damit der Erwerb eigener Autonomie.

Für die Ausdifferenzierung des Ich gelten damit folgende Charakteristika:
- verbal-dialogisches Denken
- konkretes und formal-operationales Denken
- Dialog-Emotionen: Liebe, Hass, Schuld, Verlangen, Stolz
- Willenskraft und Selbstkontrolle, Bedürfnis nach Selbstachtung
- Ausarbeitung eines Selbstkonzeptes mit den unterschiedlichen Bereichen (Ich, Es, Über-Ich, Soziales)

6. Der Aufstieg des Bewusstseins

Das Erwachsenenalter (Beginn etwa 20. Lebensjahr) ist gekennzeichnet durch Lieben und Arbeiten, d. h. Beziehungs- und Arbeitsfähigkeit. Wilber wählt für diese Entwicklungsstufe wieder eine Figur aus der griechischen Mythologie, den Zentauren: Ein Wesen mit einem Tierkörper und einem menschlichen Geist, die beide in Einklang leben. Körper und Geist bzw. Emotionen sind so integriert, dass sie nicht gegeneinander arbeiten. Die Integration betrifft die Physiologie (den Tierkörper) und die Psychologie (die menschliche Ebene mit Geist und Emotionen). E. Fromm formuliert diese Entwicklungsstufe als Erreichen der Autonomie; Maslow ('73) als Selbstverwirklichung; die Verwirklichung des vollen Potentials, Integration und Authentizität.

Damit ergeben sich für das erwachsene Bewusstsein:
- Beziehungs- und Arbeitsfähigkeit
- Synthese von Primär- und Sekundärvorgang
- Verstehen, Spontaneität
- Selbstverwirklichung, Autonomie
- Körper, Geist, Seele, Soziales integrieren sich zu einer Ganzheit

Wilber ('90), dem wir in der Darstellung der bisherigen Bewusstseinsstufen im Wesentlichen gefolgt sind, geht bei der Darstellung der Bewusstseinsevolution weit über den Bereich der Erwachsenennormalität hinaus. Wir haben Normalität mit Freud kurz definiert als Beziehungs- und Arbeitsfähigkeit. Können wir davon ausgehen, dass damit das Ende der Entwicklung erreicht und die Evolution abgeschlossen ist? Zunächst können wir rein theoretisch schlechterdings nicht glauben, die Evolution von Lebens- und Bewusstseinsformen sei über Jahrmillionen fortgeschritten und sollte gerade bei uns aufhören. Aber was soll nun der nächste Entwicklungsschritt sein? In den Grundaussagen zur Evolution (Kap. 3) haben wir die immer sich wiederholenden Schritte der Differenzierung, Gegenüberstellung und Aufhebung (Hinaufhebung Transzendierung) zur nächst höheren Integration dargestellt. Gibt es irgendwelche Hinweise auf eine weitere Evolution oder höhere Integration, also eine weitere Entwicklung des Bewusstseins? Zunächst haben wir ganz offensichtlich veränderte Bewusstseinszustände; z. B.: Ein Mensch wacht früh auf und erlebt sich als oberhalb seines Körpers schwebend, auf den er herabsehen kann (out of body-Erlebnisse). Auch bei Operationen und Unfällen werden ähnliche Erfahrungen berichtet. Wie sollen wir einen solchen veränderten Bewusstseinszustand einordnen? Wir sind gewohnt, dies als krankhafte Veränderungen, also pathologisches Bewusstsein zu bezeichnen. Ganz fraglos haben wir solche pathologischen Veränderungen des Bewusstseins, z. B. bei der Einnahme von Substanzen, wenn wir pathologisch definieren als „nicht oder weniger beziehungs- und arbeitsfähig" (die wiederholt erwähnte Kurzdefinition für normales, erwachsenes Bewusstsein). Die bisher ausgeprägten Funktionen arbeiten schlechter oder gar nicht mehr. Dies kann keine wünschenswerte Weiterentwicklung sein.

Außer den pathologischen Veränderungen berichten Menschen von Erfahrungen, in denen sich die Grenzen des Erlebens zwischen Personen oder zwischen Person und Natur auflösen und die sie als paradiesisch erleben. Diese Undifferenziertheit erinnert sehr an die frühkindliche Undifferenziertheit, z. B. zwischen Mutter und Kind oder Kind und Umgebung. Haben wir es also mit einer extremen Regression, einem Zurückfallen auf frühere Entwicklungsstufen zu tun? Auch dieses Zurückfallen auf prae-personale Ebenen kann nicht als Weiterentwicklung, als post- oder transpersonal bezeichnet werden.

Wenn wir die Möglichkeit einer Weiterentwicklung in Betracht ziehen, müssen wir als erstes das Pathologische abgrenzen (Normalität funktioniert nicht mehr) und als zweites das Zurückfallen auf frühere, schon überwundene Entwicklungszustände (frühkindliche Phasen), und sehen, ob dann noch etwas an veränderten Bewusstseinszuständen übrig bleibt.

Die Abgrenzung von Pathologie und Regression muss zuerst erfolgen. C. G. Jung, der veränderte Bewusstseinszustände erlebte und sich die Frage stellte, was ihn von seinen Patienten unterscheide, argumentierte genau mit unserer Kurzdefinition von Normalität: Ich lebe und liebe in einer Familie (Beziehungsfähigkeit); ich leite eine Klinik (Arbeitsfähigkeit) – hinzuzufügen wären die enormen kognitiven Fähigkeiten (z. B. Schreiben seiner Bücher); all diese Fähigkeiten des erwachsenen und normalen Bewusstseins hatten seine Patienten nicht; sie konnten nicht arbeiten und lieben schon gar nicht.

Die fast noch schwierigere Frage der Regression wird Wilber nicht müde zu diskutieren. Die Prae-Post-Verwechslung – ein Zurückfallen auf Früheres wird in dieser Verwechslung als Weiterentwicklung ausgegeben. Das Phänomen der Regression soll hier zunächst nur als Problem benannt werden, wir kommen darauf zurück.

Hier möchten wir den Weg einer potentiellen Weiterentwicklung des Bewusstseins durch die Beschreibung von drei Bereichen darstellen:

1. Hinweise auf Alltagserfahrungen, in denen formales Denken und Sprechen eher als störend empfunden werden, in ihren Funktionen aber erhalten bleiben.

2. Erleben veränderter Bewusstseinszustände, deren Träger im übrigen Leben weder als pathologisch noch als regrediert in frühere Entwicklungsphasen zureichend beschrieben werden (peak experiences).

3. Attraktoren (erlebnismäßig anziehende Faktoren) auf Übungswegen, die verändertes Bewusstsein anstreben und die bestehendes Normalbewusstsein eher verbessern, nicht schädigen.

Beginnen möchten wir mit Alltagserfahrungen, die Normalbewusstsein eher ausweiten und als besonders bereichernd erlebt werden.

(1) Erleben großer Natur

Erfahrungen in der Natur, etwa ein Sonnenuntergang am Meer oder im Hochgebirge das Bergglühen in aufgehender Sonne kann als so überwältigend schön erlebt werden, dass wir in reinem Anschauen verharren und jegliches Sprechen oder Denken als störend empfinden.

(2) Große Kunst

Auch das Ansehen oder Hören uns besonders bewegender Kunst, z. B. einer Geigenpassage in Wagners Parzival, kann uns weit über formales Denken hinausführen mit einem Gefühl, als könne das Bewusstsein in der erlebten Realität wie ein Schleier aufreißen und sich einem erweiterten Bewusstsein öffnen; Erfahrungen, die Heidegger mit der Abwesenheit von Seiendem, mit der „Lichtung" des Seienden beschreibt.

(3) Tiefe zwischenmenschliche Gefühle

Selten, aber wohl doch das eine oder andere Mal im Leben, kann das Gefühl zwischen zwei Menschen so intensiv werden, dass die Grenzen zwischen dem Bewusstsein des Ich und eines gegenüberstehenden Du sehr dünn und fließend werden und ein Bewusstsein sich andeutet, als gebe es eine zueinander gehörige Einheit.

Das Erleben veränderter Bewusstseinszustände, die ausdrücklich als peak-experiences beschrieben werden, möchten wir ebenso wie die Darstellung der Attraktoren auf übend-meditativen Wegen in je eigenen Abschnitten (Kap. 6) beschreiben, zunächst aber, als Grundlage für die Darstellung der peak-experiences, die lebensgeschichtliche Grundlage der Träger dieser Erfahrungen im nachfolgenden Abschnitt ausführen.

5. Praktiker der Bewusstseinsevolution

In den vorausgegangenen Abschnitten über die Evolution des Bewusstseins haben wir Modelle (und deren Vertreter) einer Weiterentwicklung des Bewusstseins dargestellt: Gebsers a-perspektivisches Bewusstsein; Aurobindos Konzept vom „supra-mind“; Teilhard de Chardins Streben zum Omega-Point und Wilbers Entwicklungsstufen zum GEIST. Theorien sind hilfreich, sie bilden den Rahmen für praktische Weiterentwicklungen. Erst die praktische Realisierung ist wirklich von Bedeutung und kann uns von den Modellvorstellungen überzeugen. Dies veranlasst uns, zwei Beispiele der Realisierung von Bewusstseinsveränderungen bzw. Bewusstseinserweiterungen anzufügen.

Wir wählen ein Beispiel aus dem indischen Kulturkreis, Yogananda, dessen Leben und Erlebnisfülle beeindruckend ist, auch wenn er in theoretischer Hinsicht keinen Beitrag zu einem veränderten Bewusstsein leistet: Er bleibt bei den indisch-traditionellen Glaubensansichten, die er mit christlichen Vorstellungen zu integrieren sucht, interpretiert sein Erleben innerhalb des Konzeptes der Wiedergeburten und bleibt sozial im Rahmen eines der hinduistischen Tradition verbundenen mönchischen Lebens.

Das zweite Beispiel ist aus unserer Kultur und unserem Jahrhundert gewählt: Lassalle. Auch er bleibt innerhalb traditionell christlicher Vorstellungen und sozial im Rahmen der Bedingungen eines katholischen Ordensmannes. Die Schilderungen des Erlebens und seine Lebensführung beeindrucken besonders durch seine Echtheit und Gelassenheit, der jede aufblähende Übertreibung fremd ist.

Es scheint, als würde sich die Natur bisher in der Ausprägung eines Bereiches erschöpfen: Entweder gelingt eine theoretische Durchdringung mit deutlich veränderten kognitiven und sozialen Bedingungen – oder eine weit fortgeschrittene Realisierung der Bewusstseinsveränderung unter Beibehaltung der traditionellen Rahmenbedingungen. Am ehesten hat noch Aurobindo beide Bereiche integriert, mit dem jedoch alles entscheidenden Mangel: Er hat keinen methodischen Übungsansatz. Die Integration von Theorie und Praxis steht in der Evolution des Bewusstseins noch aus. Wir bleiben bei unserer Hypothese: Alles entscheidend ist die Methode, die die Entwicklung voranbringt, auch wenn sie sich am Ende selbst aufhebt – aber eben erst am Ende.

Beide hier darzustellenden Personen – Yogananda und Lassalle – beeindrucken nicht nur durch ihr Leben, sondern auch durch die konzentrierte Strenge und Kürze der Übungen: Der eine mit der Übung des Kriya-Yoga, der andere durch die Koan-Übung im Rahmen des Rinzai-Zen. Hier jedoch zunächst die Darstellung des Lebens – für viele der Grund, sich den Übungen zuzuwenden:

5.1 Yogananda

Yogananda, geboren am 5. 1. 1893 in Gorakhpur, Nordindien, glaubte schon als Kind – und gibt dies als seine früheste Erinnerung an –, in einem früheren Leben als Yogi im Himalaya gelebt zu haben. Sein Elternhaus, eine reiche, vornehme indische Beamtenfamilie, prägte nachhaltig seine Grundeinstellungen. Der Vater, Vizepräsident einer Eisenbahngesellschaft, auf Gesetz und Ordnung bedacht, achtete auf strenge Disziplin bei seinen acht Kindern und war jeder Übertreibung und Ausschweifung, insbesondere in religiösen Dingen, tief abgeneigt. Er war, obwohl selbst ein Schüler Lahiri Mahasayis (Lehrer des Lehrers von Yogananda) immer auf das Machbare eingestellt. Die Mutter, gütig, eher durchlässig, begründete die emotionale Seite der Religiosität Yoganandas, der von einem – und zwar nur einem – Streit der Eltern berichtete. Die Mutter hatte in zwei Wochen mehr Geld an die Armen verschenkt, als der Vater in einem Monat verdiente. „Alles, worum ich dich bitte, ist, dass du deine Mildtätigkeit in vernünftigen Grenzen hältst." Die Mutter war tief gekränkt, sie wollte sich trennen, bestellte eine Pferdekutsche, um abzufahren. „Auf Wiedersehen, ich fahre zu meiner Mutter zurück." Die Intervention eines Onkels half, die Krise zu lösen. Der Vater war so spartanisch, dass er sich die ihm zustehende Extravergütung von der Bahngesellschaft nicht auszahlen ließ. Als später ein Bücherrevisor den Sachverhalt bemerkte, wurden ihm umgerechnet etwa 100 000 DM überwiesen. Der Vater schenkte dem Vorgang keine Beachtung, erst sehr viel später entdeckte sein jüngster Sohn die auch für diese Familie große Summe auf dem Konto. Yogananda wurde weder sparsam noch spartanisch. Er trug seine Schuhe nicht, wie sein Vater, so lange, bis sie am Zerfallen waren. Er wurde eher das genaue Gegenteil, ein „Mutterkind", ein Hätschelhans, allem Süßen, Irdischen und Überirdischen zugeneigt. Als er später bei seinem ersten klosterähnlichen Aufenthalt keinem Privatkoch mehr schon zum Frühstück Anweisungen geben konnte und sich eine Mahlzeit verschob, glaubte er allen Ernstes, der nächste Hungertote von Benares zu sein. Doch dergleichen Erfahrungen kamen später, zunächst ging es ihm gut. Materiell ohne Sorgen, kümmerte er sich wenig um seine Schulausbildung; dass er überhaupt durchhielt, war dem wiederholten Eingreifen des Vaters zu verdanken. Ihm, Yogananda, stand der Sinn nach „Höherem". Seelisch enorm aufgeschlossen, hatte er seit seiner Kindheit innerseelische Erlebnisse und Visionen, machte aber auch in der materiellen Welt Erfahrungen, die ihn zutiefst davon überzeugten, dass eine andere Wirklichkeit sich direkt in sein Leben einschaltete. Diese besonderen Erfahrungen wollen wir „Geschichten" nennen, um uns der Wertung zu enthalten. Wenn wir seine im Alter aufgezeichnete Autobiographie lesen, die derart voll von „Geschichten" ist, müssen wir jedoch eine vorläufige Einstellung dazu gewinnen. Yogananda erzählt mit einer kindlichen Naivität sowohl das für ihn Peinliche wie seine großen Erlebnisse, so dass wir nicht umhin können, seine Erzählungen zu nehmen, wie er sie vorträgt. Er vermittelt in allem den Eindruck der Echtheit. Dort, wo er theoretisch zu begründen sucht, bleibt er in der Begriffswelt seiner Tradition ebenfalls kindlich bemüht, „wissenschaftliche Erklärungen" beizubringen; wir können das auf sich beruhen lassen. Wenn wir aber seinen Erfahrungsberichten folgen, eröffnet sich uns die phantastische Welt der Yogis, vergleichbar etwa dem Erleben eines Tauchers, der durch die farbenprächtige Vielfalt einer Unterwasserlandschaft gleitet, umgeben von dem immer wechselnden Formen- und Farbreichtum der Korallen und Scharen schillernder Zierfische, unvergleichbar mit allem bisher Gesehenen. Yoganandas Autobiographie ist die vielleicht eindrucksvollste Reise durch ein uns unbekanntes Land; wenn eine andere Wirklichkeit – beliebig, ob wir sie intrapsychisch oder nach außen gestellt interpretieren – je in die unsere hineinragte und wir von ihrer bezaubernden Schönheit überzeugt werden, dann durch die Schilderungen Yoganandas. Oft haben wir ja beim Lesen von „Guru- und Heiligengeschichten" das beklemmende Gefühl, doch mit einer Menge Pathologie konfrontiert zu werden, und rechtfertigen sie bestenfalls mit den erreichten Erfahrungen als einen offenbar notwendigen Preis. Selbst Ramakrischna war froh, als ihm in jungen Jahren bestätigt wurde, dass er nicht krank sei, seine Erfahrungen „geheiligt" und nicht „pathologisiert" wurden. Yogananda wurde von solchen Selbstzweifeln nicht geplagt, er war derart überzeugt von der Wirklichkeit und Überlegenheit nicht-materieller Realitäten, dass diesem Liebling der Menschen und Götter sich sein von barocker Fülle überquellendes Leben wie von selbst eröffnete. Von früh an begleitet von der Liebe seiner Mutter, Vorhersagen und Zeichen Lahiri Mahasyas und anderen Yogis, demonstrierte er schon als Kind seiner Schwester die eigene Überlegenheit. Als andere Kinder Drachen steigen ließen, stand er mit seiner Schwester auf dem Balkon und sagte ihr voraus, dass diese direkt in seiner Hand landen würden – und sie landeten, einer nach dem anderen. Als die Schwester einen Furunkel am Arm hatte und mit einer Salbe behandelte, bat er auch um die Salbe. „Aber du hast doch keinen Furunkel." – „Morgen werde ich einen großen Furunkel am Arm haben" – und er hatte. Mukunda – so sein Rufname – ist ein Zauberer, lief die Schwester entsetzt zur Mutter. Ein Arzt musste eingreifen, Yogananda trug lebenslang eine Narbe am Arm davon.

Yoganandas Schwester interpretiert – entsprechend ihrem Alter und Verständnis – auf der magischen Ebene – Mukunda ist ein Zauberer. Er selbst wählt – auch für die nachstehenden „Geschichten" – meist religiöse Modelle. Wir haben mit dem Vergleich zur schillernden Unterwasserwelt ein romantisches Bild benutzt und mit dem Hinweis auf Authentizität pathologische Annahmen zurückzudrängen versucht. Dies entbindet uns nicht von weiteren Überlegungen. Derzeit gehen Modellvorstellungen von den Erkenntnissen der Quantenmechanik aus: Informationsübertragung lokal nicht verbundener Phänomene – und weiten diese über Annahmen zu komplementären Verschränkungen auch auf die Einflüsse zwischen mentalen und materiellen Bereichen aus; z. B. Walach ('03) in seiner generalisierten Quantentheorie.

Dem älteren Bruder, der, streng wie sein Vater, nicht allzu freundlich mit dem Kleinen umging, demonstrierte er seine Unabhängigkeit, als er sich, zusammen mit seinem Schulfreund, auf eine längere Bahnfahrt in eine andere Stadt schicken ließ, ohne einen Pfennig, und angab, beide würden, ohne eine Mahlzeit auszulassen, wohlbehalten zurückkommen. Tatsächlich besorgte ihnen jemand die Fahrkarte, sie wurden mehrfach eingeladen, hervorragend bewirtet und brachten noch Geld mit nach Hause. Er zog das Glück und das Wohlwollen der Menschen geradezu magisch an. Schwieriger schon die tägliche Routine: Die Schule war nichts für ihn und die Disziplin des Vaters schon gar nichts; das ganze häusliche Leben sagte ihm trotz aller Annehmlichkeiten nicht zu. Er strebte nach dem Außergewöhnlichen, wollte zu seinen Heiligen und Yogis in den Himalaya, lief von zu Hause weg, acht Jahre alt. Der Bruder ließ den Paradiesvogel schon am Fuße der Berge wieder einfangen.

So, wie er als Junge von zu Hause weglief, als Jugendlicher aus dem Kloster, so lief er später auch seinem Lehrer weg, als er von einem Yogi gehört hatte, der keinen Schlaf mehr brauchte. Er kam zwar auf der Reise arg in Bedrängnis, war aber immer von so hingebungsvoller Liebe, dass der große Yogi mit ihm gemeinsam meditierte, seine erheblichen inneren Fähigkeiten erkannte, ihm ein Geschenk machte, indem er ihn von seinen Rückenbeschwerden befreite und zu seinem Lehrer zurückschickte. Wirklich übel nehmen konnte ihm wohl keiner etwas. Auch sein Lehrer nicht – Sri Yukteswar. In diesem traf Yogananda auf eine seinem Vater wesensverwandte Natur, streng, auf praktische Realisierung drängend, neben der Förderung seiner innerseelischen Entwicklung darauf bestehend, dass er ein, wenn auch bescheidenes Universitätsstudium abschloss. Das Schüler-Lehrer-Verhältnis war von gegenseitiger tiefer Zuneigung gekennzeichnet. Sri Yukteswar führte ihn väterlich, das heißt, er stellte Forderungen. Also ging es nicht ohne Spannungen, trotz der Liebe und Akzeptanz, die ein Schüler dem Lehrer entgegenbringt. Einmal sah sich Sri Yukteswar genötigt, dem leiblichen Vater eine Schilderung des Sohnes zu geben, dass dieser den Eindruck gewann, sein Sohn sei ein völliger Versager. Der Vater teilte dem Sohn die erhebliche Kritik seines Lehrers mit, was diesen nicht etwa dazu veranlasste, sich zu fragen, ob er etwas falsch mache; im Gegenteil, er ging zu seinem Lehrer und beklagte sich, wie er denn so etwas sagen könne. Selbstkritische Fragen waren wirklich nicht die starke Seite Yoganandas. Für seine Universitätsjahre und studentischen Bemühungen den Begriff „nicht die starke Seite“ zu benutzen, wäre noch geschmeichelt. Er schlug sich durch, glänzte mehr durch Abwesenheit, seine Kommilitonen nannten ihn den „närrischen Mönch“, seine Universitätslehrer verhielten sich entweder höflich distanziert oder waren über seine geringen Leistungen verärgert. Durchs Examen konnte er sich mit menschlicher und „göttlicher“ Hilfe retten. Dieses mäßige äußere Leben, zusammengehalten durch einen energischen Lehrer, strahlt jedoch von innerer Fülle und überwältigendem Glanz seiner Visionen, Ekstasen und Samadhi-Erlebnissen. Im Abschnitt zu den peak experiences werden wir dafür ein Beispiel geben, hier möchten wir darauf hinweisen, dass es gleichsam auch um ihn herum leuchtete und glänzte. Er begegnete wie selbstverständlich außergewöhnlichen Menschen. Yogis mit tiefen meditativen Erfahrungen und physische Gesetze sprengenden Fähigkeiten, die Gedanken anderer wie in einem offenen Buch lasen, Ereignisse voraussagten, keinen Schlaf mehr brauchten, Atem und

Herzschlag aussetzten, in zwei Körpern zugleich an verschiedenen Orten erschienen, Kranke heilten usw. Die Welt in und um ihn ist derart offen, dass wir sie nur als phantastisch bezeichnen können. Yogananda erzählt mit der gleichen Selbstverständlichkeit, wie er als mäßiger Student mit Angst und Bangen, nur auf die Hilfe seines Lehrers hoffend, durch das Staatsexamen kommt, von einem wütenden Professor, der fest entschlossen ist, diesen Taugenichts durchfallen zu lassen – genau so selbstverständlich erzählt er, wie er mit seinem sich vor ihm materialisierenden Lehrer spricht, während dieser sich in einer anderen Stadt aufhält. Er berichtet, wie er sich von der asiatischen Cholera – von einem Arzt bakteriell diagnostiziert und als hoffnungslos eingeschätzt – an einem Tag durch das Eingreifen seines Lehrers erholt, so dass der Arzt dies nur als „unverständlich“ einschätzen konnte. All diese „Geschichten“ kann man glauben oder neu interpretieren; sie gehören so selbstverständlich zur Lebensschilderung Yoganandas, dass wir sie unkommentiert stehen lassen.

In seinem realen Leben wurde er nach Abschluss des Studiums durch seinen Lehrer in den Swami-Orden, eine eher lose organisierte Gemeinschaft, aufgenommen. Bei der Beschreibung des Ordens fällt auf, dass sich Yogananda der christliche Trias Armut, Keuschheit, Gehorsam bedient. Insgesamt spielen sowohl Sri Yukteswar wie Yogananda ständig auf christliche Inhalte und Traditionen an, zitieren Altes und Neues Testament, interpretieren die Ereignisse, suchen nach Parallelen mit dem indisch-hinduistischen Verständnis. Wenn sie einen Yogi besonders hervorheben und sein Erreichtes besonders würdigen wollen, nennen sie ihn „christusähnlich“. Fast mühelos bewegen sie sich in beiden Traditionen, so, als gingen sie von einer selbstverständlichen inneren Einheit aus, die nur noch deutlich gemacht werden muss. In einer inneren Seelenverwandtschaft mit dem christlichen Ansatz haben sich beide zweifellos gefühlt, auch mit der strukturellen Tradition, wie sie sowohl in den katholischen Mönchsorden wie dem Swami-Orden vorgegeben wird. Yogananda pflegt Traditionen wie schützende und bergende Gebäude; sie sind zutiefst von der positiven Wirkung strukturierender Ansätze überzeugt, sowohl in den äußeren Formen (Orden) wie den systematischen Übungen (Kriya Yoga). Diese systematischen Übungen stellt Yogananda in allgemeinen Ausführungen in seiner Autobiographie dar – sie beziehen sich auf Imaginationen und Atemübungen; die genaue Ausführung ist der direkten und persönlichen Einweisung vorbehalten. Die durch diese Übungen ausgelösten Erlebnisse werden von Yogananda in überfließender Fülle dargestellt; er berichtet von seinen Erlebnissen und Visionen, von auf natürliche Weise nicht erklärbaren Heilungen, weiteren Begegnungen mit Yogis, ausgestattet mit vielen den Sinnesbereich überschreitenden Fähigkeiten – von so überfließender Fülle also, dass auf Strukturen gar nicht verzichtet werden kann. Sri Yukteswar vergleicht die Inhalte, das Erleben und die haltenden Strukturen mit Honig und dem Gefäß, das ihn aufbewahrt. Yogananda dagegen, sich allzu gern überströmendem Gefühl hingebend, ist allem Formalen und Strukturgebendem zunächst abgeneigt. Disziplin, das väterliche Erbe, war nie seine Sache. Sri Yukteswar bringt sie ihm bei, überzeugt ihn von der Notwendigkeit haltgebender Strukturen, so weit, dass Yogananda nach einigen Jahren Leben als Swami in der Nähe seines Lehrers eine Schule gründet – in Ranchi, südlich von Kalkutta, aufgebaut als Internat und Tagesschule, in der dem üblichen Unterricht meditative Übungen zugefügt wurden. Dergleichen Varianten im Erziehungssystem sind in Indien beliebt, am bekanntesten die von Rabindranat Tagore, mit dem er sich austauscht; beide Männer schätzen und bewundern einander. Die ruhige und kontinuierliche Arbeit dieser Jahre geht bald zu Ende. Der Erste Weltkrieg bricht aus; die Engländer kämpfen, ihre indische Kolonie bleibt Zaungast. Ein Mann wie Yogananda mit Zugang zum Einheitsbewusstsein kann kein Zaungast sein. In identifizierenden Visionen kämpft er mit, auf einem Kriegsschiff, wird verwundet, stirbt. Aus der Meditation auftauchend von kindlicher Freude, dass er doch noch lebe, wird er wieder hineingerissen in das Grauen der Schlachtfelder; er erlebt es, wie andere Realität erleben. Wieder aufgetaucht stellt er sich Fragen: Der gute Gott – und dieses Grauen. Was ist der Sinn? Die immer gleiche Frage: Woher stammt und was soll das Böse und die Destruktivität, wo doch alles durch den guten Gott geschaffen und ohne seinen Willen nichts geschieht? Bei Yogananda läuft es – ohne diesen zu kennen – auf Meister Eckharts „schnellstes Pferd" hinaus. Das Leiden ist das schnellste Pferd zur Vollkommenheit. Yogananda kommentiert: „Oder würden sich die Menschen jemals nach einer anderen Welt sehnen, wenn die hiesige nichts als Freuden böte? Erst wenn sie leiden, erinnern sie sich an ihre ewige Heimat, die sie verlassen haben. Der Schmerz dient dazu, die Erinnerungen wachzurufen." Hoffen wir; – die meisten leiden leider völlig sinnlos, sie erinnern sich an nichts und sie besteigen kein Pferd, schon gar nicht das schnellste.

Das Leben Yoganandas geht weiter auch nach seinem Tod im Ersten Weltkrieg als Schiffskommandant und dem Erleben des Grauens auf den Schlachtfeldern Frankreichs. Er berichtet von der Auferstehung eines Toten und der Materialisation eines Palastes im Himalaya – Visionen und sinnliche Realität wechseln in raschem Tempo; er wandert mühelos durch die verschiedenen Ebenen. Noch selbstverständlicher und damit noch schwerer zu unterscheiden sind die Ereignisse der ihn umgebenden Yogis, insbesondere die des bisher geltende Gesetze völlig überschreitenden Initiators dieser meditativen Schule, Babadschi. Bei ihm lässt sich überhaupt nicht mehr unterscheiden, ob er eine mythische Gestalt der Visionen seiner Schüler ist oder ob ihm sinnliche Realität zukommt. Yogananda berichtet, wie Menschen mit Babadschi gesprochen haben, ihn angefasst und mit ihm gegessen haben – und dann, wie er als Lichtgestalt jenseits der uns bekannten Welt sich bewegt. Die „Geschichte" des Zusammentreffens Babadschis, seiner Schwester, Lahiri Mahasayis und des Yogi, zu dem Yogananda in seiner Jugend gelaufen war, als er Sri Yukteswar verlassen hatte, – diese Geschichte ist derart phantastisch – die Yogis schweben als Lichtkegel über den Ganges, materialisieren sich aus der Luft und entschwinden wieder. Phantastisch möchten wir dies nennen, ein Wort, das mehrere Deutungen zulässt.

1920 geht Yogananda nach Amerika. Schon die Schiffsreise ist wieder von „Geschichten" begleitet. Eher mäßig geübt in der englischen Sprache hat er vor Vorträgen Angst, wird während der Überfahrt gebeten, im Schiffsclub von seinen Erfahrungen zu berichten, sagt zu, steht 10 Minuten vor der Versammlung, ohne ein Wort herauszubringen; Zuhörer, die nichts hören, beginnen zu lachen, eine für ihn „fatale Lage", so beschreibt er selbst später die Situation. Er wendet sich innerlich an seinen Meister mit einem „entrüsteten Hilferuf". „Du kannst es, sprich, erklang sofort seine Stimme in meinem Bewusstsein." Er redet länger als eine dreiviertel Stunde, das Publikum hörte gespannt zu. „Ich konnte mich hinterher auf kein Wort meiner Rede mehr besinnen. Vorsichtig fragte ich die Passagiere aus und erfuhr Folgendes: Sie haben einen mitreißenden Vortrag in einwandfreiem Englisch gehalten, der allen zu Herzen gegangen ist." Dieser Ansprache habe er die Einladung von mehreren amerikanischen Gesellschaften zu verdanken. 15 Jahre blieb er bei seinem ersten Aufenthalt in den Staaten; hielt Vorträge, viele, überall, in Clubs, Universitäten, Kirchen; leitete Yoga-Kurse, gewann viele Freunde, bekam in Kalifornien ein großes Haus geschenkt, einen Palast, wie er es nannte, und richtete dort das Mutterzentrum der neu gegründeten Gesellschaft zur Selbstverwirklichung ein. 1935 fühlte er sich von seinem Lehrer zurückgerufen, reiste über Europa, besuchte Therese Neumann, schaltete sich in ihre Visionen ein und erlebte mit ihr den Leidensweg. Schon wie seine Lehrer spazierte er zwischen den Individuen. Eine große Seele und offen, offen dort, wo er es wollte. Vom Preis erfahren wir zuweilen sehr indirekt; was er nicht sehen wollte, sah er auch nicht. Bei der Ankunft in Bombay – er erlebte die Stadt zum ersten Mal –, einquartiert im Tadsch-Mahal, einem der zehn teuersten Luxushotels weltweit, beschreibt er Bombay „mit seinen Bauten abendländischen Stils äußerst modern; Palmen säumen die breiten Alleen und prächtige Regierungsgebäude wetteifern mit alten Tempeln um die Aufmerksamkeit der Besucher." Der unglaubliche Schmutz und das Elend der Slums dieser Millionenstadt wetteifern nicht um seine Aufmerksamkeit. Yogananda versteht es auch sonst wegzusehen. Den Tod von Nahestehenden mag er seiner empfindsamen Seele nicht zumuten. Zwar hatte er auf den Friedhöfen und Verbrennungsstätten meditiert, umgeben von Schädeln und Geiern; wenn aber ein ihn besonders Nahestehender verstarb, war er abwesend. Er zählt sie zusammenfassend auf: Mutter, Vater, sein geliebter Lehrer, sein Bruder usw. Teils „passiert es" ihm, dass er nicht da ist, teils setzt er sich ganz bewusst ab, wie beim Tod seines Bruders, der über Strecken seines Lebens fast väterliche Funktionen hatte. Als dieser im Sterben liegt, nimmt er das erstbeste Schiff und fährt von Kalkutta an der Küste Burmas bis nach Japan – er hatte dort nichts zu tun, als seinem Lehrer Geschenke zu kaufen. Bei seiner Rückkehr weint er gerührt um seinen Bruder. Auch später übersah er konsequent die organisatorischen Probleme, die in der Weitergabe des Kriya Yoga zwischen seiner in den USA und Indien gegründeten Gesellschaft und dem Ashram in Puri, geleitet von Hariharananda, dem auch die anderen indischen Ashrams untergeordnet sind, entstanden waren. Der Preis ist zuweilen hoch, wenn wir noch etwas dabei bleiben. Nach Indien zurückgekehrt besuchte er die Heiligen des Landes – auch Ramana (dem wahrscheinlich fortgeschrittensten Jnana Yogi seiner Zeit, mit Realisierungen eher unpersönlicher und gegenstandsloser Ebenen). Dieser begrüßte ihn freundlich – wie jeden –, schwieg dann aber, Yogananda konnte nicht viel damit anfangen, er machte es kurz, zeitlich und inhaltlich. Während er sonst jeweils viele Seiten seiner Autobiographie dem Besuch eines Heiligen widmet, stellt er Ramana auf einer halben Seite dar. Was hätte er auch schreiben sollen, Ramana hatte geschwiegen; und was hätte Ramana sagen sollen, diesem in seine Lichtwelten verliebten Yogi.

Erfreulicher das Zusammentreffen mit Ananda Moi Ma (der zur damaligen Zeit bedeutendsten Bhakti-Yogini). Hier begegneten sich zwei Königs- und Götterkinder, die derart zärtlich und liebevoll miteinander umgehen, dass die sie Begleitenden von der zusammenfließenden Harmonie gerührt sind. Und endlich einmal – wie angenehm – keine „Geschichten". Eine einfache schlichte Begegnung zweier liebender Seelen. Sie geht auf ihn zu und nennt in Vater, obwohl sie ihn nie gesehen hatte; lehnt sich liebevoll an ihn an. Beide sitzen schweigend zusammen, dann bittet er sie, aus ihrem Leben zu erzählen. Das sei schnell getan, sie geht einige Etappen ihres Lebens durch, immer mit dem gleichen Satz: „Und ich war die Gleiche." „Mein Bewusstsein hat sich niemals mit diesem vergänglichen Körper identifiziert." Sie lebte in einer anderen, glücklicheren Welt, das hatte ihr den Namen „Die glückselige Mutter" eingetragen. Zu Yogananda ist sie wie ein Kind, wie eine kleine, liebende Tochter; wo er denn lebe, wo er hingehe. Nach Amerika, war Yoganandas Antwort, und die Einladung, ob sie nicht mitkommen wolle. „Wenn der Vater mich mitnehmen kann, so komme ich." Er erwog dies ernsthaft. Ihre Umgebung erhob Einspruch. „Zwanzig von uns begleiten die Glückselige Mutter auf allen ihren Reisen, wo sie hingeht, müssen wir auch hingehen." Das war nun doch zu viel. Sie, Ananda Moi Ma, besuchte ihn später in seiner Schule in Ranchi; die Kinder waren – natürlich – begeistert. Die aufgenommenen Bilder von Ananda und Yogananda gehören zu dem Schönsten, was er uns hinterlassen hat.

Seine Reise ging weiter, 1936 zurück nach Amerika, beladen mit ganzen Truhen voll Geschenken: „Gott ist nicht sparsam." Gerade war er bei Gandhi, dem sehr Sparsamen gewesen, und tief beeindruckt, doch unverändert in seinem überfließenden Wesen. So, wie er austeilte, bekam er auch. Ein Schüler schenkte ihm bei seiner Rückkehr ein zweites großes Grundstück mit weiträumigem Haus und herrlichem Ausblick direkt auf den Pazifik: Encinitas, es wurde sein und seiner Schüler Hauptsitz. Weitere Schenkungen folgten, die Zentren und die Zahl der Schüler wuchs rasch. Er schrieb, dichtete, übersetzte, meditierte, hatte Visionen, gab Einweisungen, begleitete seine Schüler. Um ihn herum wuchs und gedieh es. Er lebte glücklich und gern. 1952 verließ er in einer Meditation seinen Körper. Die beiden Gesellschaften, SRF, Self Realization Fellowship für Europa und Amerika, YSS, Satsang Society für Indien, geben seine Lehre weiter.

5.2 Hugo Lassalle

Lassalle, geboren am 11. November 1889 in einem kleinen Ort Westfalens, wuchs als Zweitältester von fünf Kindern des Gutspächters Georg Lassalle und seiner Ehefrau Elisabeth in ländlicher Gegend auf. 1911 erhielt sein Vater die Anstellung eines Amtsrichters in Brilon/Westfalen. Hier besuchte Hugo Lassalle das Gymnasium bis zur Unterprima; mit 18 Jahren (1916) wurde er zum Heeresdienst einberufen und in Frankreich stationiert. Über seine Kriegserlebnisse wissen wir nichts Genaueres, nur dass es zu mehreren Lazarettaufenthalten kam. 1918 in seine Heimatstadt zurückgekehrt, schloss er die Schule mit dem Abitur ab, um ein Jahr später als Novize in den Jesuitenorden einzutreten. Für das zweijährige Noviziat ging er nach Heerenberg in Holland, dem Mutterhaus der Niederdeutschen Ordensprovinz. Von den Einzelheiten dieses Noviziates berichtet Lassalle nichts; es wird sich jedoch nicht wesentlich von anderen Häusern unterschieden haben. Der Jesuitenorden gestattet weder dem Einzelnen noch einem Haus in der Noviziatszeit größeren Spielraum. Freiheit kommt später, nach der Ordination. Das Noviziat ist strengste Disziplin; ein bis auf die Minute durchgeplanter Tagesablauf; die vielleicht konsequenteste Geistes- und Seelenschulung, die das Abendland entwickelt hat. Das Ich wird geformt und gebildet, „kleingehackt“, so die Bezeichnung eines Novizen. Gehorsam bis zu einem Grad, der zu der unpassenden und den Sinn dieser Übung verfehlenden Einschätzung vom Kadavergehorsam geführt hat. Nicht der Kadaver ist das Ziel, sondern das Aufgehen des Ich in einer größeren Einheit. Das Ich ist das Problem, auf die unterschiedlichsten Arten wird diese Wahrheit auf allen Meditationswegen vermittelt. „You have to die“ wird ihm später sein Zen-Lehrer immer wieder sagen. Er hätte auch sagen können: „Du selbst bist das Problem.“ Lassalle starb, was sein Ich anbetraf; sein Leben dagegen währte lang, er wurde über 90 Jahre alt. Zunächst jedoch war er im Noviziat in Holland, hier wurde er geformt. Bei Lassalle haben wir wieder einen Lebenslauf, von dem wir sagen möchten: Wenn er geplant gewesen wäre, wäre er gut geplant. Für den späteren Zen-Weg kann man sich kaum eine bessere Vorbereitung vorstellen als ein Jesuitennoviziat. Persönlicher Einsatz bis zur Erschöpfung, absoluter Gehorsam, Disziplin und Struktur, bis das Ich aufgerieben ist. So streng das Noviziat auch sein mochte, das Ziel, die Aufhebung des Ich, erreichte es nicht; nur Vorbereitung konnte es sein. Nach Abschluss dieser zweijährigen Vorbereitungszeit studierte Lassalle zehn Jahre Philosophie und Theologie, in Holland und England, 1927 wurde er zum Priester geweiht, wollte in die Afrikamission, sich sozial betätigen, auf eine Leprastation. Es kam anders. Der Orden musste nach dem Ersten Weltkrieg Indien als Missionsland aufgeben; in Japan wurde eine neue Mission gegründet. Lassalle hatte nach Afrika Japan als zweiten Vorschlag für seinen Einsatz angegeben. Dies akzeptierte der Orden. In Tokio durfte er Deutsch unterrichten und im Armenviertel Sozialarbeit leisten; wieder zehn Jahre, dann wurde er nach Hiroshima geschickt; dort erlebte er 1945 die Explosion der ersten Atombombe in unmittelbarer Nähe; 1200 Meter sei er entfernt gewesen: „Ich war im Haus, als die Bombe fiel, und Splitter von dem zerberstenden Holz sind mir in den Rücken hineingefahren. Ein Mitbruder hat sie mir mit der Pinzette herausgezogen." (Stachel '88) Für den Rest seines Lebens war er strahlengeschädigt. Außen explodierte es; innen auch – wir spielen auf die späteren Meditationserfahrungen an – er hat sie mit Akribie beschrieben (s. Kap. 6.1). Weder in der äußeren noch in der inneren Welt finden jedoch dramatische Ereignisse aus heiterem Himmel statt; sie sind lange vorbereitet und kündigen sich langfristig an. Hier interessiert uns die innere Entwicklung Lassalles. Schon während seines Studiums in den Niederlanden hatte er sich mit Zen-Literatur beschäftigt; z. B. Suzukis „Die große Befreiung" und „Zen und die Kultur Japans", außerdem „begonnen, seine Meditationen auf dem Boden sitzend zu machen, anstatt auf dem Betschemel zu knien." Nach seinem Studium beschäftige er sich intensiv mit Theresa von Avila und Johannes vom Kreuz, den beiden Hauptvertretern der spanisch-katholischen Mystik. 1929 nach Japan gekommen, begab er sich ein Jahr später nach Yokohama, an den Haupttempel des Soto Zen, dem Sojigi. „Dort hatte ich Gespräche und habe an Meditationen teilgenommen, auch einmal, ganz privat natürlich, an Zen-Exerzitien. Mein Motiv für diese Übungen war, dass ich die japanische Mentalität besser verstehen wollte." Er war ja als Jesuitenpater, als christlicher Missionar nach Japan gekommen, und wollte die, die es zu missionieren galt, gut verstehen. Das macht jeder christliche Missionar, ein Jesuit natürlich besonders gründlich. Bei Kriegsende sah er seine Möglichkeit als christlicher Missionar gekommen. „Da habe ich gesagt, es sei eine große Möglichkeit, dass sich Japan jetzt, nach dem verlorenen Krieg, bekehrt. Man solle auf einen Schlag möglichst 2000 Missionare dorthin schicken." Als die Jesuiten vor einigen 100 Jahren in die Chinamission gegangen waren, hatten sie dies ebenso intensiv betrieben und so weit gebracht, dass einer ihrer Hauptvertreter zu einem der wichtigsten Würdenträger am Kaiserhof wurde, mit seinen Berechnungen und Planungen unentbehrlich für den Kaiser. Unglücklicherweise war die päpstliche Politik damals sehr kurzsichtig; die Jesuiten wurden verboten und mussten sich aus China zurückziehen. Diesmal in Japan lief alles anders; für Lassalle, der tiefe Erfahrungen machte, für die Päpste, die ihn unterstützten. 1946 erhielt Lassalle eine Privataudienz bei Pius XII., der die Pläne zum Bau der von Lassalle vorgeschlagenen Weltfriedenskirche in Hiroshima „begeistert aufnahm". In den 70er Jahren empfing ihn Papst Paul VI.: „Wir wissen genau, was Sie tun. Es ist sehr gut und wichtig, dass wir auch die anderen Religionen verstehen lernen. Er hat mich gesegnet und mir gewünscht, dass meine Arbeit gute Erfolge haben möge." Nicht alle innerhalb der kirchlichen Hierarchie und seines Ordens waren so wohlwollend und unterstützend. Im Gegenteil, sein Buch „Zen-Weg zur Erleuchtung" wurde angegriffen, der Heräsie verdächtigt, verboten; auf dem II. Vatikanischen Konzil musste er seine Thesen, die er aufgrund der eigenen Erfahrungen aufgestellt hatte, verteidigen. Welcher Erfahrungen? Ein halbes Jahr nach den ersten 7-Tages-Zazen-Übungen (über sieben Tage wird wesentlich nichts anderes gemacht als sich im Körper aufzurichten und das Denken zu lassen) macht er seine ersten wesentlichen Erfahrungen: „Ich machte im Sojigi, einem großen Zen-Kloster bei Tokio, unter der Leitung eines 88-jährigen erfahrenen Meisters, diesmal privatim, die Übungen. Es war am dritten Tag während des Zazen. Ich war vertieft in das Wort Dogens „Shinjin datsuraku", d. h. Leib und Seele sind mir ausgefallen, das mir der Zen-Meister kurz vorher gesagt hatte. Da war mir plötzlich, als ob ich in die Höhe gezogen wurde. Der Atem wurde ganz tief und nach einigen Atemzügen fühlte ich mich geistig in eine höhere Lage gehoben, in der Totenstille herrschte. Der Übergang in diesen Zustand vollzog sich nicht leichthin, sondern eher wie durch Gewalt. Als ich mich dann aber in ihm befand, fühlte ich nichts Gewaltsames oder Unangenehmes mehr, allerdings auch keinen besonderen geistlichen Trost (ein Ausdruck aus der christlichen Kontemplation, der einen angenehmen emotionalen Zustand anspricht). Während des Überganges und auch während des Zustandes fühlte ich kaum mehr Schmerzen in den Gelenken, obwohl sie vorher ziemlich stark waren. Auch die Kälte fühlte ich nicht mehr, obwohl es Mitte November und die Zazen-Halle mit ihren Papierfenstern sonst empfindlich kalt war. Die Zeit verging schneller. Ich fühlte, dass ich in diesem Zustand so lange bleiben konnte, wie ich wollte. Es war wie das Ersteigen eines Berges. Ist man einmal oben, so kann man dort bleiben, bis man sich entschließt, wieder herabzusteigen. Das Denken war nicht unmöglich, aber gewissermaßen leise und wie von ferne. Dieses Erlebnis hatte ich am gleichen Tage noch mehrmals und auch am folgenden Tage. Aber es trat immer erst ein, nachdem ich 40 Minuten oder länger gehockt war (Lassalle gebraucht den etwas altertümlichen Ausdruck gehockt für meditatives Sitzen auf den Fersen, den Diamantsitz, dessen wichtigstes Kriterium die aufrechte Wirbelsäule ist). Andererseits stand es doch nicht einfach in meinem Belieben, in diesen Zustand hineinzukommen. Im Gegenteil, mir erschien das direkte Bemühen darum eher wie ein Hindernis. Aber, wie gesagt, war ich einmal hineingekommen, stand es mir frei, darin zu bleiben, solange ich wollte. Es ging mir wie jemandem, der eine schwere Kugel eine schiefe Ebene hinauf zu stoßen versucht, die oben in eine waagerechte Fläche ausläuft. Gelingt es ihm nicht, sie bis oben hinauf zu stoßen, so rollt sie immer wieder zurück. Ist sie aber einmal oben, kann sie nicht mehr von allein zurückrollen. Als ich dem Zen-Meister davon berichtete, schien er sogleich zu verstehen, worum es sich handelte. Er sagte, das sei ein Zeichen, dass man recht in das Zazen hineinkomme. Aber die Erleuchtung war das noch nicht“ (Lassalle ‘92). Doch was ist die Erleuchtung? Lassalle findet die Darstellung so schwierig, dass er es vorzieht, zitierend die Worte anderer zu benutzen: „Als ich eines Nachts in Meditation versunken war, geriet ich plötzlich in einen ganz merkwürdigen Zustand. Ich war wie tot. Alles war wie abgeschnitten. Es gab kein Vorher und kein Nachher mehr. Der Gegenstand (meiner Betrachtung) und mein Selbst waren verschwunden. Das einzige, das ich fühlte, war, dass das Innere meines Selbst vollkommen geeint war und erfüllt von allem, was oben und unten und ringsum ist. Ein grenzenloses Licht strahlte in mir. Nach einer Weile kam ich wieder zu mir wie einer, der von den Toten auferstanden ist. Mein Sehen, Hören, Reden, meine Bewegungen und Gedanken waren ganz verschieden von dem, was sie bis dahin gewesen waren. Als ich tastend versuchte, an die Wahrheiten der Welt zu denken und den Sinn des Unbegreiflichen zu erfassen, verstand ich alles. Es schien mir klar und wirklich. Ohne es zu wollen, begann ich, in übergroßer Freude meine Hände hochzuwerfen und mit den Füßen zu tanzen“ (Lassalle ‘92). Am Ende überwindet er sich doch, auch das Eigenerlebte mitzuteilen. Wir werden diesen Bericht im Abschnitt zu den peak experiences (Kap. 6.1) darstellen.

Nach seiner Realisation gibt er Zen weiter, die Übung mit dem Koan, meist dem Koan „Nichts“, japanisch „Mu“, oder sich auf die reine Atembeobachtung beschränkend: „Man zählt das Einatmen oder man zählt das Einatmen und das Ausatmen. Man kann übrigens dabei bleiben, auf den Atem zu achten.“ Lassalle entwickelt ein breites Feld von Aktivitäten; schreibt mehrere Bücher, nimmt an internationalen Konferenzen teil, leitet zahllose Zen-Kurse; pendelt drei- bis viermal im Jahr zwischen Europa und Japan. In beiden Erdteilen führt er ein intensives Leben. Nachdem er den Abwurf der ersten Atombombe aus nächster Nähe miterlebt hatte, fasste er den Plan zum Bau der Weltfriedenskirche; sammelte Geld auf Vortragsreisen in Europa und Amerika. Er bereist auch Indien, besucht mehrmals Auroville. Seine nüchterne Einschätzung: „Dort wird nicht nur meditiert, sondern auch sehr viel gearbeitet. Die Arbeit als solche, die Fabrikation bestimmter Gegenstände, wird dort höher gestellt als die Meditation.“ 1948 erhielt er die japanische Staatsbürgerschaft, 1954 wird die Weltfriedenskirche eingeweiht. In der Nähe von Tokio und Hiroshima gründet er Zen-Zentren. 1968 wird er Ehrenbürger von Hiroshima, 1978 erhält er durch Yamada Roshi in Kamakura die offizielle Anerkennung als Zen-Meister; d. h., die eigene Realisation wird durch eine traditionelle Schule anerkannt.

In Deutschland setzte er ab 1968 mit den ersten Zen-Kursen und etwa 1000 Teilnehmern in verschiedenen Benediktiner-Klöstern und Meditationshäusern eine eigene meditative Bewegung in Gang. 1977 eröffnet er eine Zen-Halle im Franziskaner-Kloster in Dietfurt, leitet fortlaufend etwa 30 Zen-Kurse pro Jahr, in denen er seine tiefen meditativen Erfahrungen weitergab. Als er 92-jährig am 7. Juli 1990 im St.-Franziskus-Hospital in Münster stirbt, bezeichnet er den Tod gegenüber seinen Schülern als die Erledigung einer Formsache. „You have to die“ hatte die Anweisung vor seiner Realisation gelautet; er hatte das Individuum sterben lassen und damit den Platz für neue Erfahrungen freigemacht; die körperlichen Schalen abzulegen war in der Tat nur noch die Erledigung einer Formsache; inhaltlich war er längst in einer anderen Welt. Die von Lassalle in Deutschland eingeleitete meditative Schule wird von seinen Schülern fortgesetzt (z. B. Kopp ‘94).

6. Phänomene der Bewusstseinsentwicklung

6.1 Peak experiences der Bewusstseinsentwicklung

Wir hatten auf Erfahrungen hingewiesen, die über die rationale Bewusstseinsebene hinausgehen.

In diesem Abschnitt möchten wir Beispiele ausführen, die explizit über ein Erleben berichten, das sowohl körperlich-physiologische Veränderungen wie auch neue Bewusstseinsphänomene enthält.

Die Berichte werden wir am Ende prüfen, ob sie folgenden Kriterien genügen:

1. biologisch-physiologische Abläufe; d. h., wir haben es nicht mit Denkabläufen, sondern körperlich begründeten Veränderungen zu tun;
2. emotional als außerordentlich positiv empfundenes Erleben;
3. veränderte bzw. erweiterte Bewusstseinsinhalte;
4. subjektive Bewertung des Erlebenden, der die gemachten Erfahrungen als besonders bedeutungsvoll für sein gesamtes Leben betrachtet;
5. kognitive und soziale Funktionen des Erlebenden sind außerhalb und nach den gemachten Erfahrungen verbessert, nicht verschlechtert.

Wir beginnen mit einer Darstellung aus dem Bereich des Kundalini-Yoga. Dem zu schildernden Erleben gingen jahrelange imaginative Übungen voraus, d. h. willentliche, aktiv geübte Bildvorstellungen; in diesem Fall der Vorstellung einer hell leuchtenden Lotosblüte, die über dem Kopf dargestellt wird. In den vorangegangenen Übungen ist also nicht etwas passiert, sondern aktiv gemacht, induziert.

Hier der Bericht (v. Weizsäcker u. Gopi Krishna '71)

„Eines Morgens, Weihnachten 1937, saß ich mit gekreuzten Beinen im Zimmer eines Hauses in der Umgebung von Jammu, der Winterhauptstadt des Staates Jammu und Kaschmir in Nordindien. Ich meditierte, das Gesicht zum Fenster nach Osten gewandt. Die ersten grauen

Strahlen der langsam sich erhellenden Morgenröte fielen in das Zimmer. Durch lange Übung war ich daran gewöhnt, stundenlang in der gleichen Stellung zu sitzen ohne die geringste Unbequemlichkeit, und ich saß da, atmete langsam und rhythmisch, richtete meine Aufmerksamkeit auf den obersten Teil meines Kopfes und versenkte mich in eine imaginäre Lotosblüte, die dort in hellem Licht erstrahlte.

Ich saß unbeweglich und aufrecht. Ohne Unterbrechung strömten meine Gedanken zu dem leuchtenden Lotos hin, in der festen Absicht, meine Aufmerksamkeit dort zu halten, vom Abschweifen zu bewahren und sie immer wieder zurückzubringen, wenn sie sich in einer anderen Richtung bewegten. Die Intensität der Konzentration unterbrach meinen Atem, langsam wurde er so still, dass er kaum mehr wahrnehmbar war. Mein ganzes Wesen war so sehr in den Lotos eingetaucht, dass ich für mehrere Minuten hintereinander die Berührung mit meinem Körper und meiner Umgebung verlor. Während einer solchen Unterbrechung – für einen Augenblick – war es mir, als ob ich mitten in der Luft ohne irgendein Körpergefühl schwebte. Das einzige, dessen ich gegenwärtig wurde, war ein Lotos in hellem Glanz, der Strahlen von Licht aussandte. Diese Erfahrung haben viele Menschen gemacht, die in dieser oder anderer Form sich für eine längere Zeit regelmäßig in der Meditation geübt haben. Aber was sich an diesem schicksalhaften Morgen bei mir ereignete und mein ganzes Leben wandelte, mögen nur wenige erlebt haben. Während eines Augenblicks der starken Konzentration fühlte ich etwas Seltsames unten an der Wirbelsäule, gerade dort, wo ich den Boden berührte. (Ich saß im Schneidersitz auf einer gefalteten Decke auf dem Boden.) Die Sensation war so außerordentlich und so wonniglich, dass ihr meine Aufmerksamkeit folgen musste. In dem Augenblick, in dem sich meine Konzentration nicht mehr auf den Lotos richtete, auf den Punkt, auf den sie eingestellt war, hörte diese Empfindung plötzlich auf. Ich dachte, dies könnte nur Täuschung sein, von meiner Phantasie hervorgerufen, und schlug mir die ganze Sache aus dem Kopf. Dann brachte ich meine Aufmerksamkeit zurück auf den Punkt, von dem sie abgeschweift war. Ich konzentrierte mich wieder auf den Lotos, und als das Bild auf dem Scheitel meines Kopfes klar und ganz deutlich wurde, hatte ich erneut die gleiche Empfindung. Dieses Mal versuchte ich, meine Aufmerksamkeit nicht schweifen zu lassen, und war für einige Sekunden erfolgreich, aber die Empfindung, die von unten immer höher nach oben wanderte, war so intensiv, so ungewöhnlich und stellte alles Bisherige in den Schatten, dass trotz aller meiner Anstrengung meine

Gedanken sich darauf richteten. Im selben Augenblick verschwand sie wieder. Nun war ich davon überzeugt, dass mir etwas Außerordentliches widerfahren war und dass hierfür meine täglichen Konzentrationsübungen verantwortlich waren.

Ich hatte wunderbare Berichte von gelehrten Männern über große Wohltaten als Ergebnis der Konzentration gelesen und über geheimnisvolle Kräfte, die die Yogis durch solche Übungen erlangt hatten. Mein Herz begann wie wild zu schlagen und ich fand es schwierig, meiner Aufmerksamkeit den notwendigen Grad der Zielgerichtetheit zu geben. Aber nach einer Weile wurde ich ruhig und fand mich bald in tiefer Meditation. Als ich vollkommen versunken war, erfuhr ich die gleiche Empfindung, aber diesmal nahm ich meine ganze Kraft zusammen, um meine Gedanken auf dem Punkt zu halten, auf den ich mich eingestellt hatte. Mit großer Disziplin blieb meine Aufmerksamkeit dort gebannt. Die Empfindung stieg wieder nach oben, wuchs an Intensität, und ich fühlte, wie ich zu schwanken begann. Mit großer Mühe konzentrierte ich mich wieder auf den Lotos. Plötzlich fühlte ich einen Strom flüssigen Lichtes, tosend wie ein Wasserfall, durch meine Wirbelsäule in mein Gehirn eindringen.

Ganz unvorbereitet auf ein solches Geschehen, war ich völlig überrascht. Ich blieb in derselben Stellung sitzen und richtete meine Gedanken auf den Punkt der Konzentration. Immer strahlender wurde das Leuchten, immer lauter das Tosen. Ich hatte das Gefühl eines Erdbebens, dann spürte ich, wie ich aus meinem Körper schlüpfte, in eine Aura von Licht gehüllt. Es ist unmöglich, dieses Erlebnis genau zu beschreiben. Ich fühlte, wie der Punkt meines Bewusstseins, der ich selber war, immer größer und weiter wurde und von Wellen des Lichts umgeben war. Immer weiter breitete er sich nach außen hin aus, während der Körper, normalerweise der erste Gegenstand meiner Wahrnehmung, immer mehr in die Entfernung zu rücken schien, bis ich seiner nicht mehr bewusst war. Ich war jetzt reines Bewusstsein, ohne eine Grenze, ohne Körperlichkeit, ohne irgendeine Empfindung oder ein Gefühl, das von Sinneswahrnehmungen herrührte, in ein Meer von Licht getaucht. Gleichzeitig war ich bewusst und jedes Punktes gegenwärtig, der sich ohne jede Begrenzung oder materielles Hindernis gleichsam in allen Richtungen ausbreitete. Ich war nicht mehr ich selbst, oder genauer: nicht mehr, wie ich mich selbst kannte, ein kleiner Punkt der Wahrnehmung, in einen Körper eingeschlossen. Es war vielmehr ein unermesslich großer Bewusstseinskreis vorhanden, in dem der Körper nur einen

Punkt bildete, in Licht gebadet und in einem Zustand der Verzückung und Glückseligkeit, der unmöglich zu beschreiben ist.

Nach einer Weile – wie lange es gedauert hat, wüsste ich nicht zu sagen – begann der Kreis wieder enger zu werden. Ich fühlte, wie ich mich zusammenzog und immer kleiner wurde, bis ich der Grenzen meines Bewusstseins erst dumpf, dann klarer bewusst wurde. Als ich in meine alte Beschaffenheit zurückschlüpfte, nahm ich plötzlich wieder den Lärm der Straße wahr, fühlte ich wieder meine Arme, meine Beine und meinen Kopf und wurde wieder mein eigenes Selbst in Kontakt mit Körper und Umgebung. Als ich meine Augen öffnete und um mich blickte, fühlte ich mich ein wenig schwindelig und verwirrt, als ob ich aus einem seltsamen Land zurückkehrte, das mir ganz fremd gewesen war.

Die Sonne war aufgegangen und schien mir voll ins Gesicht, warm und angenehm. Ich versuchte, meine Hände zu heben, die während der Meditation übereinander in meinem Schoß ruhten. Meine Arme fühlten sich lahm und leblos an. Mit Mühe erhob ich sie und streckte sie aus, um das Blut frei fließen zu lassen. Dann versuchte ich, meine Beine aus der Stellung zu befreien, in der ich gesessen hatte, und sie in eine bequemere Lage zu bringen, aber ich vermochte es nicht. Sie waren schwer und steif. Mit Hilfe meiner Hände befreite ich sie und streckte sie aus, dann lehnte ich meinen Rücken gegen die Wand und entspannte mich in einer leichten und angenehmen Art."

Zu unseren Kriterien:

1. Biologisch-physiologische Abläufe

Unterbrach meinen Atem, … fühlte ich etwas Seltsames unten an der Wirbelsäule, Empfindung, die von unten immer höher nach oben wanderte … Mein Herz begann wie wild zu schlagen … fühlte ich einen seltsamen Strom, tosend wie ein Wasserfall durch meine Wirbelsäule in mein Gehirn eindringen …

Fühlte ich wieder meine Arme, meine Beine und meinen Kopf; Arme lahm und leblos. Beine schwer und steif … und entspannte mich in einer leichten und angenehmen Art.

Auch wenn wir die Abläufe physiologisch nicht deuten können, ist das Erleben körperlich, nicht gedacht.

2. Emotional positiv

… so außerordentlich und so wonniglich … in einem Zustand der Verzückung und Glückseligkeit.

3. Erweiterte Bewusstseinsinhalte

… immer größer und weiter wurde … ohne eine Grenze … ein unermesslich großer Bewusstseinskreis … Begann der Kreis wieder enger zu werden … bis ich der Grenzen meines Bewusstseins … bewusst wurde.

4. Besonders bedeutungsvoll

… an diesem schicksalhaften Morgen … und mein ganzes Leben veränderte … stellte alles Bisherige in den Schatten … das mir etwas Außerordentliches widerfahren war.

5. Normale kognitive und soziale Funktionen nach dem Erleben verbessert, nicht verschlechtert

Die Wirkung erweiterter Bewusstseinszustände auf das Leben und Wirken eines Menschen ist nur durch die Betrachtung der Gesamtlebensführung möglich. Zur Darstellung des Lebens von Gopi Krishna, s. z. B. Gopi-Krishna '86; seine Reisen, Vorträge, Bücher, sein Umgang mit Menschen, die Wirkung der Echtheit, Ruhe, Bescheidenheit (Schilderung durch v. Weizsäcker '71) sprechen nicht für eine Einschränkung, sondern Verbesserung der normalen Funktionen.

Für einen weiteren Bericht zur Bewusstseinserweiterung möchten wir die Darstellung Yoganandas ('50) wählen, dessen Leben wir im vorangegangenen Kapitel beschrieben haben mit der zentralen Übung des Kriya-Yoga.

Der Kriya-Yoga setzt zunächst allgemein am Handeln, hier dem sozialen Handeln, an. In einem eigenen Kapitel (1.4) haben wir vor die Evolution des allgemeinen Bewusstseins die Evolution des sozialen und ethischen Bewusstseins gestellt. Yogananda kann als Vertreter der Stufenfolge – erst kommt die soziale und ethische, dann die bewusstseinserweiternde Entwicklung – gelten. Auf diese Reihenfolge hinzuweisen – erst kommt ethisch-soziales Verhalten, dann Bewusstseinsvertiefung – ist uns hier, wo es um die seelischen Vertiefungen geht, besonders wichtig. Wir werden diesen zentralen Ansatz – erst muss ein Kleid gewaschen werden, dann kann es gefärbt werden – in den folgenden Kapiteln ausführen.

Der eigentliche zentrale Ansatz des Kriya-Yoga bezieht sich dann auf eine konzentrative, den Atem verlängernde Übung bzw. die durch die Atemübung ausgelösten und gelenkten Energieströme. Wir bleiben hier bei diesen allgemeinen Formulierungen, da Yogananda selbst – und die ihm nachfolgende Schule – die eigentliche Übung wohl zu Recht erst nach längeren Vorübungen mitteilt.

Hier die Schilderung des Erlebens, die nach jahrelangen eigenen Übungen durch einen Anstoß seines Lehrers ausgelöst wird:

„… da schlug er (der Lehrer) mir in der Gegend des Herzens sanft auf die Brust. Sogleich stand ich wie festgewurzelt da. Der Atem wurde mir, wie von einem gewaltigen Magneten, aus der Lunge gezogen. Geist und Seele sprengten augenblicklich ihre irdischen Fesseln und strömten gleich einer blendenden Lichtflut aus jeder Pore meines Körpers. Das Fleisch fühlte sich wie abgestorben an und dennoch war ich im Besitz intensiver Wahrnehmungskraft und wusste, dass ich nie so lebendig gewesen war. Mein Ich-Bewusstsein beschränkte sich nicht mehr auf den Körper, sondern umfasste alle in meinem Bereich liegenden Atome. Menschen aus fernen Straßen tauchten plötzlich in mein Blickfeld ein, das sich ins Unendliche erstreckte. Die Wurzeln der Pflanzen und Bäume schimmerten durch den transparent gewordenen Boden hindurch und ich konnte den inneren Saftstrom erkennen.

Die ganze nähere Umgebung lag unverhüllt vor mir da. Meine gewöhnliche Sicht erweiterte sich zur unermesslich sphärischen Sicht, so dass ich alles gleichzeitig wahrnehmen konnte. Durch meinen Hinterkopf sah ich einige Menschen bis zum Ende der Rai-Ghat-Gasse hinuntertreten und bemerkte u.a. eine weiße Kuh, die sich allmählich unserem Haus näherte. Als sie das offene Tor des Ashram erreicht hatte, sah ich sie wie mit meinen physischen Augen. Auch als sie hinter der Ziegelmauer des Hofes verschwand, konnte ich sie immer noch genau erkennen.

Alle Gegenstände innerhalb meines panoramischen Blickfeldes zitterten und vibrierten wie Filmbilder. Mein Körper, der Körper des Meisters, der von Säulen umstandene Hof, die Möbel und der Fußboden, die Bäume und der Sonnenschein gerieten zeitweise in heftige Bewegung, bis sie sich alle in einem leuchtenden Meer auflösten – ganz ähnlich wie Zuckerkristalle in einem Glas Wasser zergehen, wenn sie geschüttelt werden. Das vereinigende Licht und die mannigfaltigen Formen wechselten ständig untereinander ab – eine Metamorphose, die mir das im Universum herrschende Gesetz von Ursache und Wirkung vor Augen führte.

Eine überwältigende Freude ergoss sich über die stillen, endlosen Ufer meiner Seele. Ich erkannte, dass der göttliche Geist unerschöpfliche Glückseligkeit ist und dass sein Körper aus zahllosen Lichtgeweben besteht. Die sich in meinem Inneren ausbreitende Seligkeit begann Städte, Kontinente, die Erde, Sonnen- und Sternensysteme, ätherische Urnebel und schwebende Universen zu erfassen. Der ganze Kosmos flimmerte wie eine ferne, nächtliche Stadt, in der Unendlichkeit meines eigenen Selbst. Das blendende Licht jenseits der scharf gezeichneten Horizontlinie verblasste leicht an den äußeren Rändern und wurde dort zu einem gleich bleibenden milden Glanz von unsagbarer Feinheit. Die Bilder der Planeten dagegen wurden von einem gröberen Licht gebildet.

Die göttlichen Strahlen ergossen sich aus einem ewigen Quell nach allen Richtungen und bildeten Milchstraßensysteme, die von einem unbeschreiblichen Glanz verklärt wurden. Immer wieder sah ich, wie sich die schöpferischen Strukturen zu Konstellationen verdichteten und sich dann in ein transparentes Flammenmeer auflösten. In rhythmischem Wechsel gingen aber Millionen Welten in diesem durchsichtigen Glanz auf – wurde das Feuer wieder zum Firmament.

Ich fühlte, dass das Zentrum dieses Feuerhimmels in meinem eigenen Herzen lag – dass es der Kern meiner intuitiven Wahrnehmung war. Strahlender Glanz ergoss sich aus diesem inneren Kern in jeden Teil des Universums.

Plötzlich kehrte der Atem in meine Lunge zurück. Mit fast unerträglicher Enttäuschung fühlte ich, dass ich meine Unendlichkeit verloren hatte. Wiederum sah ich mich in einem elenden, körperlichen Käfig eingesperrt, der sich nur schwer zum Geist aufzuschwingen vermag …

Mein Guru stand unbeweglich vor mir. Ich wollte ihm aus Dankbarkeit für das Erlebnis des kosmischen Bewusstseins, das ich seit langem leidenschaftlich herbeigesehnt hatte, zu Füßen fallen. Er aber fing mich auf und sagte ruhig: „Lass dich nicht zu sehr von der Ekstase trunken machen. Für dich gibt es noch viel Arbeit in dieser Welt. Komm, wir wollen den Balkon fegen und dann zum Ganges hinuntergehen."

Der Bericht soll wieder an unseren Kriterien geprüft werden:

1. Biologisch-physiologische Abläufe

Der Atem wurde mir wie von einem gewaltigen Magneten aus der Lunge gezogen. Das Fleisch fühlte sich wie abgestorben an. Plötzlich kehrte der Atem in meine Lunge zurück.

2. Emotional außerordentlich positives Erleben

… Eine überwältigende Freude … unerschöpfliche Glückseligkeit.

3. Veränderte bzw. erweiterte Bewusstseinsinhalte

Mein Ich-Bewusstsein beschränkte sich nicht mehr auf den Körper. Meine gewöhnliche Sicht erweiterte sich zur unermesslichen sphäri-

schen Sicht. Der ganze Kosmos flimmerte wie eine ferne, nächtliche Stadt in der Unendlichkeit meines eigenen Selbst.

4. Subjektive Bewertung des Erlebten als besonders bedeutungsvoll
Ich wollte ihm (dem Lehrer) aus Dankbarkeit für das Erlebnis des kosmischen Bewusstseins, das ich seit langem leidenschaftlich ersehnt hatte, zu Füßen fallen.

5. Kognitive und soziale Funktionen verbessert, nicht verschlechtert
Die Beurteilung der sozialen und kognitiven Funktionen Yoganandas bzw. seines Lebenswerkes nach dem bewusstseinserweiternden Erleben fällt nicht schwer. Seine Autobiographie – in viele Sprachen übersetzt – gehört zu den beliebtesten und meist gelesenen Darstellungen des Yoga. Von enormer Schaffenskraft hat er auf ausgedehnten Reisen durch Indien, die USA und Europa in Vorträgen seine Erfahrungen weitergegeben; viele Schüler in die Übungen eingeführt; zwei Gesellschaften (in USA und Indien) gegründet und geleitet. Von irgendwelchen sozialen oder kognitiven Einschränkungen kann hier keine Rede sein, im Gegenteil darf er als Beispiel verbesserter Arbeits- und Beziehungsfähigkeit gelten.

Um die Berichte zu den peak experiences nicht einseitig auf den indischen Kulturraum und Übungsweg des Yoga zu beschränken, möchten wir die Erfahrung eines Deutschen wiedergeben, der den Übungsweg des Zen in Japan gelernt hat. Hugo Lassalle ('92) berichtet:

„Es handelt sich um innere Erfahrungen, die meistens sehr stark sind. Der ganze Körper wird erschüttert, und man hat das Gefühl, als ob etwas mit Gewalt aus einem heraus wolle. Es ist, als ob man von einer unsichtbaren Gewalt gepackt würde. Oder es treten ganz tief im Unterleib, in der Gegend des Nabels, auf den der innere Blick gerichtet ist, grelle Lichterscheinungen auf, mit geschmolzenen Bleitropfen zu vergleichen. Solche Phänomene stellen sich meist nur dann ein, wenn man mit aller Kraft, sozusagen auf Leben und Tod, längere Zeit geübt hat, etwa viele Stunden während der Nacht und das muji-Koan MU nach der Harada-Methode vollziehend, immer wieder mit erneuter Wucht das MU in die Tiefe stoßend. Es ist, als ob sich im eigenen Inneren ein Vulkanausbruch anbahnte. Wenn man das zum ersten Mal erlebt, wird einem angst und bange, und man fragt sich, was wohl geschehen wird. Aber schon ist die Gelegenheit verpasst. Mit einem solchen auch nur momentanen Überlegen zerbricht das Zanmai. Es ist ja gegenständlich geworden.

Erfahrene Zen-Mönche sagen, dass man erst zur Erleuchtung kommt, wenn man gelernt hat, sich nicht im geringsten beirren zu lassen, was auch kommen mag. Man muss erst lernen, sich vom Satori, das zu erlangen man alles daran setzt, innerlich ganz sauber zu distanzieren, und das ist nicht leicht. Daher mahnt der Zen-Meister immer wieder: sich auf nichts einlassen, weder positiv, indem man darauf eingeht, noch negativ, indem man sich Sorgen macht, weil man es nicht loswerden kann.

Das ist durch die Erfahrung vieler, die schließlich die Erleuchtung erlangten, bestätigt worden. Nachdem sie sich viele Jahre vergeblich darum bemüht hatten, gelang es innerhalb weniger Stunden, sobald sie gelernt hatten, sich wirklich um nichts zu kümmern, was auch draußen oder drinnen vor sich ging."

Auch hier unsere Kriterien:

1. biologisch-physiologische Abläufe

Grelle Lichterscheinungen ... mit geschmolzenen Bleitropfen zu vergleichen ... tief im Unterleib, in der Gegend des Nabels ... als ob sich im Inneren ein Vulkanausbruch anbahne ... der ganze Körper wird erschüttert ...

2. Emotional positiv

Der unterkühlten Zen-Mentalität entsprechend macht Lassalle keine emotionalen Angaben.

3. Veränderte bzw. erweiterte Bewusstseinsinhalte

Auch hierzu keine Angaben.

4. Bedeutungsvoll für sein ganzes Leben

Auch dies können wir nur indirekt schließen. Lassalle hatte nach diesen Erlebnissen sein ganzes Leben der Weitergabe seiner Erfahrungen gewidmet und bis ins hohe Alter zwischen Japan und Deutschland pendelnd Kurse gegeben, Zentren gegründet und Vorträge gehalten.

5. Kognitive und soziale Funktionen verbessert, nicht verschlechtert

Ob seine kognitiven und sozialen Funktionen verbessert waren, können wir nicht beurteilen, da die Fähigkeiten vor den entscheidenden Erlebnissen kaum abschätzbar sind. Von einer Einschränkung kann bei diesem außerordentlich produktiven Mann – bis ins 90. Lebensjahr – sicher nicht gesprochen werden.

6.2 Attraktoren der Bewusstseinsentwicklung

Wir hatten bei der Darstellung der allgemeinen Gesetzmäßigkeiten der Evolution darauf hingewiesen, dass es für eine Weiterentwicklung Ursachen gibt. Zunächst gehen wir bei Ursachen davon aus, dass etwas auf eine Sache oder ein Lebewesen einwirkt und dieses sich dann beispielsweise bewegt. Ich stoße einen Stein an und er rollt weg; ich stoße eine Katze und sie läuft weg. Wir haben aber auch anziehende Ursachen; ein Napf mit Fressen zieht eine Katze an, sie läuft hin. Eine Frau ist für einen Mann attraktiv; er läuft zu ihr hin. Er wird nicht nur von biologischen oder psychosozialen Ursachen gedrängt, sondern er wird auch angezogen. Das Ziel (die Frau) zieht ihn an; sie ist Attraktor, causa finalis, Zielursache.

Die bis zum formal-logischen Denken fortgeschrittene Bewusstseinsentwicklung wird sicher auch weitergedrängt, z. B. durch Unzulänglichkeiten, aber erst, wenn attraktivere Bewusstseinszustände auftauchen, entsteht ein Sog zu diesen Bewusstseinszuständen hin. Wir hatten auf die Erfahrungen von großer Natur, Kunst und intensiven Beziehungen hingewiesen, die als attraktiver empfunden werden als das von Denken und Sprechen geprägte Bewusstsein.

Nun finden wir weiter eine Fülle von Ereignissen spontaner oder hergestellter, induzierter Bewusstseinsveränderungen.

a) Spontane Ereignisse

„Out-of-body-experiences“: spontan auftretende Erfahrungen – nicht Denkabläufe –, in denen das Zentrum des Bewusstseins außerhalb des Körpers erlebt wird.

b) Hergestellte, induzierte Ereignisse

Extrembelastungen in Sport, Lebenskrisen, lebensgefährlichen Situationen, „near death“ – Nahtodeserfahrungen, in denen das Individuum als Inhalt des Bewusstseins, nicht Träger des Bewusstseins erlebt wird; d. h., innerhalb eines erweiterten Bewusstseins befindet sich das Individuum. Eine Subjekt-Objekt-Umkehrung hat stattgefunden: Bisher als außen-objektiv erlebte Welt ist Subjekt geworden und das bisherige Subjekt ist als Objekt darin enthalten.

c) Substanz-induzierte Erfahrungen

Substanzen können praktisch jede Art der Bewusstseinsveränderung bewirken. Substanz-induzierte Veränderungen sollen hier nicht berücksichtigt werden, denn das „normale Leben" funktioniert mit Substanzen nicht besser, sondern schlechter; nach einer Weile gar nicht mehr, d. h., Substanzen zerstören das normale Leben bzw. Bewusstsein. Wir sind uns bewusst, dass wir hier einen sehr generellen Standpunkt vertreten, und folgen damit der allgemeinen Haltung der meditativen Traditionen, z. B. den in den nachfolgenden Kapiteln dargestellten Yoga- und Zen-Wegen. Einige Autoren, z. B. Scharfetter ('92), versuchen eine differenzierte Abwägung zu substanz-induzierten Erfahrungen.

Die dramatischen Ereignisse der near-death- oder out-of-body-Erfahrungen können wie substanz-induziertes Erleben nicht als wünschenswerter Beitrag oder gar als Bewusstseinsevolution verstanden werden, obwohl Personen nach solchen Erfahrungen oft zu völlig neuen Lebenseinstellungen kommen.

Damit bleiben die Übungswege, die zur Bewusstseinsentwicklung beitragen. Wir haben im Kap. 6.1 Erfahrungen geschildert, die den drei Kriterien genügen:

a) subjektiv angenehmes, emotional positives Erleben
b) Erweiterung des Bewusstseins
c) Verbesserung der normalen Bewusstseinsfunktionen sowohl sozial wie kognitiv (Beziehungs- und Arbeitsfähigkeit wird verbessert, nicht verschlechtert).

Im Folgenden wollen wir drei Bereiche herausarbeiten, die sich schrittweise entwickelnd so attraktiv wirken, dass sie zu den peak experiences hinziehen.

1. Leichtigkeit

Die großen Übungswege, beliebig, ob Zen, Yoga, Vipassana, TM, lassen es auf wenige, immer zu wiederholende Übungen hinauslaufen. Am Anfang oft ziemlich mühsam bewirkt schon das aufrechte Sitzen Schwierigkeiten und erfordert Anstrengung. Das hier zu beschreibende Phänomen soll mit einer Geschichte eingeführt werden:

Eine größere Schule benutzt als Hilfe für längere Phasen des Sitzens einen flachen Sitz, auf dem je nach Können kreuzbeinig oder im Schneidersitz gesessen wird; mit einer Rückenlehne, um den Rücken zu entlasten. Ein Mitglied dieser Schule, das ich seit Jahren kenne und mit dem ich sehr offen sprechen kann, habe ich eines Tages etwas schroff angefahren: Wenn ich bei euch etwas zu sagen hätte, wäre das erste, euch eure dämlichen Stühle wegzunehmen; das sollte sich doch nun herumgesprochen haben, dass der Rücken beim Sitzen aufgerichtet und nicht angelehnt werden sollte. Er antwortete mir ziemlich ruhig: Ach, das ist gar nicht nötig, wenn ich eine Weile sitze, richtet sich der Rücken ganz von alleine auf und dann sitze ich frei. Dieses „richtet sich ganz von alleine auf", d. h. ohne willentliche Anstrengung, war genau das, was mit dem Phänomen „Leichtigkeit" beschrieben werden soll.

Wir wissen nicht, welche physiologischen Veränderungen dazu führen, dass nach Konzentrations- oder Atemübungen der Körper sich wie von innen her aufrichtet und eine sehr angenehme Leichtigkeit gewinnt. Der Zen-Lehrer Lassalle ('92) fasst das Phänomen der Leichtigkeit in das Bild von einer Kugel und einer schiefen Ebene. Das Üben sei, wie wenn man versuche, eine Kugel eine schiefe Ebene hinaufzudrücken. Sobald man aufhöre zu üben, rolle die Kugel wieder zurück und herunter. Irgendwann aber wird ein Erleben erreicht, als würde die Kugel jetzt auf einer horizontalen Ebene liegen; sie rolle von sich aus nicht mehr herunter; d. h., zum aufrechten Sitzen ist keine Willensanstrengung mehr nötig, es gibt auch kein Bedürfnis aufzuhören, sondern erst ein willentlicher Entschluss kann diesen Zustand beenden.

Wir möchten diese erste physiologische und erlebnismäßige Veränderung, die aus allen Übungsschulen berichtet wird, den ersten Attraktor nennen: außerordentlich angenehm.

2. Emotionale Attraktoren

Einige Übungswege – Zen, Vipassana, Pranayama im Yoga – setzen am Atem an und lassen die Aufmerksamkeit entweder an der Eintrittspforte des Atems verweilen oder folgen der Ein- und Ausatmung. Andere Schulen wie Qi Gong lassen die Aufmerksamkeit gegen den Atem laufen; z. B. bei der Einatmung, wenn die Atemluft nach unten in die Lungen strömt, soll die Aufmerksamkeit von unten nach oben aufsteigen und dem sogenannten Energiefluss folgen. Was soll das sein, der Energiefluss? Davon ist am Anfang gar nichts zu spüren. Vielleicht ließe sich der Vorgang zunächst in das Bild fassen, dass der Atem wie eine Flüssigkeit in ein Gefäß gegossen wird, der Flüssigkeitsspiegel ansteigt und wir diesem ansteigenden Spiegel mit der Aufmerksamkeit folgen. Auch wenn zunächst bei dieser Übung nichts zu spüren ist, kann doch geübt werden, die Aufmerksamkeit gegen den Atem von unten nach oben aufzusteigen zu lassen.

Im Laufe der Zeit aber ist mit der nach oben steigenden Aufmerksamkeit etwas zu spüren; ganz ähnlich dem Phänomen, das als erster Attraktor bezeichnet wurde und den wir mit Leichtigkeit benannt haben – hier eher unter einem emotionalen Aspekt; es entsteht ein sehr angenehmes aufsteigendes Gefühl, zunächst eher im Bauchraum, dann auch in den oberen Körperregionen, z. B. dem Brustraum.

An dieser Stelle möchten wir auf ein Phänomen hinweisen, das wir noch weniger als die Attraktoren erklären können, sondern nur beschreibend darstellen und als übungsunabhängige Realisationen benennen möchten. Oft sind die Übungen ziemlich tot, d. h., wir spüren nichts, von Attraktoren kann keine Rede sein. In Situationen, die mit der Übung gar nichts zu tun haben, z. B. beim Autofahren oder abends vor dem Einschlafen, stellt sich jedoch dieses sehr angenehme Gefühl ein, fast störend; beim Autofahren haben wir auf den Straßenverkehr zu achten, nicht auf irgendwelche Bauchgefühle, und abends möchten wir schlafen und alles, was uns daran hindert, stört eher, zumal wenn sich die Intensität derart steigert, dass wir nur ganz vorsichtig atmen können. Glück kann fast schmerzlich sein; wir möchten aber diesen fragwürdigen Begriff einführen, der für Außenstehende immer etwas den Eindruck dümmlicher Naivität macht, da er bei den im vorangegangenen Abschnitt dargestellten Spitzenerfahrungen eine erhebliche Rolle gespielt hat und sich wie der Bereich der Leichtigkeit schrittweise entwickelt.

3. Für den dritten Attraktor möchten wir auf eine Bezeichnung verzichten, sondern nur das Erleben darstellen.

In Zeiten intensiverer und längerer Übungen, z. B. während längerer Kurse oder in Zeiten, die einige Übungswege als „retreat“ bezeichnen, in denen sich die Übungen über den ganzen Tag hinziehen und die von einem Gesamtklima erhöhter Aufmerksamkeit und Konzentration geprägt sind, – in diesen Zeiten erhöhter Aufmerksamkeit also kann sich zwischen den Augenbrauen eine Empfindung einstellen, wie wenn eine leichte Wollflocke zwischen den Augenbrauen schwebe, die sich auch als eine Art matter Glanz darstellen kann. Besonders während der konzentrierten Übungen, im Yoga dharana – „aktive Konzentration“ – genannt, kann sich diese zunächst leichte Empfindung zu einem deutlichen Glanz ausweiten, auf den die Konzentration eingestellt bleibt und durch die wir gleichsam hindurchatmen.

Auch hier haben wir, ähnlich der Schilderung zum zweiten Attraktor, das Phänomen der übungsexternen Realisationen. In Zeiten, in denen wir überhaupt nicht üben, die Lebensumstände in Partnerschaft oder Beruf uns auf alles lenken, nur nicht auf irgendwelche Übungen, möglicherweise vom Wachbewusstsein abgezogen, also im Schlaf, können diese Empfindung zwischen den Augenbrauen sich über einen matten Glanz hinaus aktivieren, zu einer Art sprudelnder Lichtquelle verstärken und alles in und um uns in dieses Licht einschließen – Attraktoren, die wir nicht wieder vergessen und die auf das normale Wachbewusstsein wie eine Art Grundreinigung wirken. Alles ist wie gründlich durchgespült und gereinigt: Denken, Erinnern, Kommunizieren gehen besser; wie ein Wagen, der nach einem guten und gründlichen TÜV wieder besser läuft.

4. Den vierten Attraktor möchten wir hier als Hypothese formulieren, d. h. als etwas, von dem zu prüfen ist, ob es wirklich anziehend, d. h. attraktiv ist: Die kognitive Umstrukturierung.

Gerade weil die meditativen Wege so viel Wert auf diese Umstrukturierung legen und die große Gefahr besteht, ausschließlich im Denken zu bleiben – Denken aber ist lebensmäßig nie attraktiv –, soll hier der Sachverhalt eher als Frage formuliert werden: Gibt es ein attraktives Erleben zur Relativierung und Objektivierung des „Ich“, d. h., das „Ich“ und die „subjektive Person“ werden als objektives Phänomen innerhalb eines umfassenden Bewusstseins erlebt – nicht gedacht?

7. Operationalisierung der Bewusstseinsentwicklung an den Beispielen von Zen und Yoga

7.1 Die Bewusstseinsentwicklung im Yoga

In den Eingangskapiteln sind wir in skizzenhaft kurzen Darstellungen die großen Schritte der Evolution durchgegangen und haben am Ende gefragt, ob es auch so etwas wie eine Evolution des Bewusstseins gibt, ähnlich der des Lebens und des Wissens. Die Theoretiker dieser weiterführenden Entwicklung, etwa Teilhard de Chardin oder Jean Gebser, glauben dafür Hinweise zu sehen. Wir haben sie Theoretiker genannt, nicht im Sinne eines wertenden Urteils, sondern weil sie aus vielen Einzelphänomenen ein System, eine Theorie, zu bilden suchen. Der wesentliche Unterschied zwischen diesen und den im Kapitel über die Praktiker dargestellten Männern stellt die Tatsache dar, dass letztere die systematische Übung einführen.

Hier stellen wir zwei Gruppen von Übungen vor, die nicht nur weit verbreitet, sondern auch als klassisch und beispielhaft gelten können. Sie bilden auch die Übungsgrundlage der als „Praktiker" dargestellten Personen (Yogananda und Lassalle).

Die Gruppe der Yogaübungen

Unter „Gruppe der Yogaübungen" sollen nicht die unterschiedlichen Übungsansätze wie Hatha-, Kriya-, Mantra-Yoga usw. verstanden werden; dies ist in früheren Arbeiten geschehen; sondern die Abfolge der Übungsschritte, von Pantanjali als Raja Yoga beschrieben (z. B. Vivekananda '83), gegliedert in vier Vorübungen und die vier eigentlichen Übungsschritte.

1. Die Vorübungen

In der Überschrift zu diesem Kapitel wurde eine Operationalisierung der Entwicklungsschritte angekündigt. Unter Operationalisierung verstehen wir die Ausformulierung einer Handlungsanweisung (Operation), die angibt, was gemeint ist und später geprüft werden kann – z. B. durch einen Lehrer, als Item in einem Fragebogen oder Forschungsprojekt.

Bevor wir zu den einzelnen Vorübungen kommen, noch ein Wort zu den Voraussetzungen: Warum sollen wir überhaupt üben? Diese Frage stellt sich im Yoga nicht – im Gegensatz zu dem weiter unten dargestellten Zen-Weg. Implizit, und daher weder formuliert noch problematisiert, ist für den Yogabereich so selbstverständlich, dass Entwicklung nicht passiert, sondern geübt werden muss, dass nie jemand auf die Frage nach dem Warum gekommen ist. Wir aber fragen immer nach dem „Warum?" und „Wozu?". Für die Evolution insgesamt haben wir auch gefragt, warum überhaupt etwas geworden ist (Hegels und Heideggers Grundfrage leicht abgewandelt), und niemand konnte sie je beantworten – außer mit externer Begründung: weil Gott es so wollte, und warum Gott? Dies zu fragen gilt dann spätestens als unzulässig – causa sui dreht sich in sich selbst und gilt als unsinnig. Es entwickelt sich – ohne Warum. Können wir dies akzeptieren – auch in späteren Entwicklungsphasen? Wir lieben einen Menschen – ohne Warum; wir steigen auf einen Berg – ohne Warum, einfach, weil er da ist; wir üben auf Phänomene hin, in den Abschnitten zu den peak experiences und den Attraktoren dargestellt, weil sie da sind.

a) Verhalten und Einstellung

Wenn ich einen Berg besteigen will, muss ich dafür ausgerüstet sein, sonst komme ich nicht weit und sollte lieber in der gemütlichen Hütte im Tal bleiben. Als Ausrüstung für die innere Entwicklung gilt die Ordnung des täglichen Verhaltens und der damit verbundenen Einstellungen, im Yoga Yama und Niyama genannt. Wenn ich ein Kleid färben will, muss ich es vorher waschen. Färben heißt: „On becoming the self"; waschen: die gröbsten Trennungen herauszureinigen: das Selbst konzipiert als Integration und Überwindung der Spaltungen. Hass und Gier werden hier nicht moralisch beurteilt, sie sind einfach hinderlich. Für einen Bergsteiger ist Übergewicht nicht gut oder schlecht, es ist hinderlich; nach ein paar hundert Metern schnappt er nach Luft, auf einen Gipfel (peak experience) kommt er nie.

Zur operationalen Definition von Yama und Niyama

Die methodischen Schritte interessieren hier nicht, nur so viel: Die vorläufigen Formulierungen wurden erfahrenen Yogalehrern mit der Frage vorgelegt, ob sie diese zur Erfassung eines bestimmten Bereiches für geeignet halten; die Items mit den höchsten Übereinstimmungen der Lehrer wurden gewählt.

Beispiele für die Bereiche des Verhaltens:

1' Ich lehne es ab, etwas zu stehlen oder jemanden zu prellen, auch wenn ich dabei kaum erwischt werden kann.
2' Gewaltlosigkeit bedeutet auch Gewaltlosigkeit gegenüber mir selbst.

Es ist wichtig, dass sowohl das äußere Verhalten wie die innere Einstellung, die Einstellung und das Verhalten gegenüber anderen wie gegenüber mir selbst berücksichtigt werden, d.h. immer vier Aspekte: a) Verhalten; b) Einstellung; c) Subjekt (Ich); d) Objekt (Du). Wenn das Ziel die Überwindung der Subjekt-Objektspaltung, die Ausarbeitung eines umfassenden Bewusstseins ist, hat es keinen Sinn, im täglichen Verhalten ständig das Gegenteil zu tun und Einstellungen zu vertreten, die dem Ziel geradewegs entgegenlaufen.

b) Körperübungen

Ob ein funktionierender Körper generell als hilfreich für geistig-seelische Aufgaben betrachtet werden kann, darf diskutiert werden. Da wir hier die Vorübungen besprechen (als Voraussetzung für Übungen – z. B. aktive und passive Konzentration), ist es hilfreich, ordentlich und ruhig sitzen zu können. Dies können wir doch alle – solange wir mit etwas beschäftigt sind, insbesondere dem Denken freien Lauf lassen; wenn wir die Aktivitäten aber einstellen und die Aufmerksamkeit sich nach innen richtet, schlafen wir entweder ein (was noch das Beste wäre) oder die körperliche Unruhe beginnt. Körperübungen, im Yoga asana, als sinnvoll und gesundheitsfördernd zu diskutieren, ist Aufgabe von Medizinern und Psychologen; wir haben da subjektiv oft den Eindruck, dass etwas mehr Bewegung hilfreich wäre; für die nachfolgenden Aufgaben ist die Gewinnung einer stabilen Sitzhaltung dagegen von enormen Wert. Der oben dargestellte deutsche Zen-Lehrer Lassalle nannte sie eine geniale Erfindung der Asiaten.

Itembeispiele:
1' Während der Körperübungen beruhigen sich meine Gedanken.
2' Die Körperübungen erlebe ich als einen Wechsel von Anspannung und Entspannung, so dass eine tiefe innere Gelassenheit entsteht.

c) Atemübungen

Die Übungen mit dem Atem beginnen die Nachinnenwendung des Bewusstseins einzuleiten. Im Yoga Pranayama genannt, zielen sie zunächst auf eine Vertiefung und Beruhigung, d. h. Verlängerung der einzelnen Atemzüge und bewirken in der Regel erste physiologisch

begründete Veränderungen, die vom Erleben her als angenehm empfunden werden und die wir als Attraktoren beschrieben haben. Asanas und Pranayama leiten einen Prozess ein, der seine eigene Anziehungskraft besitzt und damit nicht mehr extern begründet werden muss.
Beispiele für Items, die diese Übungsstufe erfassen:

1' Durch die regelmäßigen Übungen habe ich gelernt, meinen Atem zu verlängern.
2' Während der Atemübungen fühle ich, wie eine innere Energie entsteht.

2. Die eigentlichen Übungen

Wenn durch die Vorübungen der Bereich Sitzen und Atmen gefestigt ist, kann sich die Aufmerksamkeit auf die Bewusstseinsprozesse richten.

a) Abschirmung gegenüber störenden Reizen

Was immer im Leben intensiv betrieben werden soll, beliebig, ob in der Wissenschaft, der Kunst, im Sport – immer ist eine Versammlung auf diese Aufgabe notwendig und damit eine Minimierung der ablenkenden Faktoren. Um diesen viel Kritik provozierenden Übungsschritt, im Yoga pratyahara, Abschirmung der Sinnesreize, zu verstehen, möchten wir zunächst einige Beispiele aus anderen Lebensbereichen erzählen:

Eine Kollegin fiel dadurch auf, dass sie selbst bei sehr turbulenter Umgebung – sie arbeitete auf einer kinderpsychiatrischen Abteilung, also fast einem Umfeld mit Reizüberflutung – unbeeindruckt bei offener Tür zur Station ihre Arbeit am Schreibtisch verrichten konnte. Darauf angesprochen, erzählte sie aus ihrer Kindheit: Sie war etwa 12 Jahre, die Eltern gingen abends weg und hatten ihr aufgetragen, auf die kleinere Schwester mit aufzupassen. Die Eltern gingen, die Ältere nahm sich ein Buch, die Kleine spielte. Als die Eltern zurückkamen und die Ältere aufstand, hing ihr schönes Sommerkleid in Streifen geschnitten an ihr herunter. Die Kleine hatte sich mit einer Schere angeschlichen und das Kleid der Älteren in Streifen zerschnitten; diese hatte beim Lesen nichts gemerkt. Als die Mutter losschimpfen wollte: Du solltest doch aufpassen, hielt sie der Vater zurück: Lass es gut sein, wer so Bücher liest, dass er nichts anderes merkt, aus dem wird mal was – und es wurde.

Ein Beispiel aus dem Sport:

Ein Reitlehrer weist seine Schüler an: Beim Reiten habt ihr so auf das Pferd versammelt (konzentriert) zu sein, dass, selbst wenn Claudia Schiffer am Rand der Reithalle auftauchen, sich ausziehen und jedes Angebot machen würde, ihr es nicht einmal merken dürftet.

Nicht merken oder zumindest nicht reagieren, pratyahara, von Yogananda in das Bild gefasst: Die Telefone klingeln, aber wir gehen nicht dran – in den Zen-Übungen auch als „der blinde Blick" bezeichnet, haben wir beispielsweise in folgende Items gefasst:

1' Es fällt mir leicht, Reize aus der Umgebung auszublenden.
2' Wenn ich mich nach innen wende, verlieren die Sinneswahrnehmungen jede Bedeutung.

b) Aktive und passive Konzentration

Wenn die Abschirmung gegenüber störenden Reizen einigermaßen gelingt, kann die zentrale Übung, die Konzentration, beginnen; der aktive Anteil wird im Yoga dharana, der passive Anteil dhyana genannt. Nur – worauf soll konzentriert werden? Bei äußeren Objekten ist dies klar. Beim Lesen konzentriere ich mich aktiv auf den Text; ist der Text spannend, werde ich z. B. von einem Buch so in den Bann gezogen, dass ich wie von selbst dabei bleibe. Bei der Wendung nach innen aber gibt es am Anfang nichts, auf das ich mich konzentrieren könnte, und schon gar nichts Attraktives, das mich in den Bann zieht. Bestenfalls ziehen die verschiedensten Gedanken durch den Kopf; wenn ich auch diesen nicht nachgehe, bleibt meistens nichts. Die verschiedenen Schulen führen hier Objekte ein, an denen entlang geübt und auf die sich konzentriert werden kann. Grob gegliedert lassen sich diese Objekte in Klangfolgen (mantra) und Bilder (yantra) einteilen. Die aus dem Yoga stammende und in Europa weit verbreitete Transzendentale Meditation (TM) benutzt eine sinnfreie, ein- oder zweisilbige Klangfolge für diese Übung. Andere Richtungen üben z. B. mit der Silbe om. Als Beispiel für die Vorstellung – intensive bildliche Vorstellung, auch Visualisierung genannt – kann die in den Erfahrungsberichten (Kap. 6.1) dargestellte Visualisierung eines Lichtes über dem Kopf gelten. Im Detail und der konkreten Ausführung sollten solche Übungen unter der Anleitung eines erfahrenen Lehrers geschehen; immer mit den Schritten: Erst muss etwas gemacht werden, aktiv; dann bekommt es eine Eigendynamik und zieht die Konzentration passiv an.

Zur Erfassung dieser Übungsstufe haben wir für den aktiven Teil (dharana) z. B. formuliert:

1' Ich kann meine Aufmerksamkeit für lange Zeit auf ein Objekt gerichtet halten, ohne abzuschweifen.

2’ Bei meinen Übungen kann ich innere Objekte mit großer Klarheit visualisieren.

Für den passiv-anziehenden Teil (dhyana):
1’ Manchmal verliere ich bei meinen Übungen jedes Gefühl für die Zeit.
2’ In der Meditation fühle ich eine starke innere Kraft aufsteigen.

c) Erreichen eines einheitlichen Bewusstseins mit Überwindung der Subjekt-Objekt-Spaltung

Die inneren Objekte können nach längerer Übung so stark und intensiv werden, dass sie das gesamte Bewusstsein ausfüllen und alles in sich aufsaugen: Absorption, im Yoga samadhi genannt.

Beispiel-Items:

1’ In tiefer Meditation werde ich völlig eins mit meinem Meditationsobjekt.
2’ In tiefer Meditation erlebe ich alles als eine Einheit, nichts ist irgendwie getrennt.

Diese Form des Bewusstseins hat nicht nur einen erlebnismäßigen, sondern auch einen emotionalen Aspekt.

Beispielitem:

Mein inneres Glück ist so vollkommen, dass alles darin sich auflöst.

Konkret dargestellt wurden diese tiefen innerseelischen Erfahrungen in den Erlebnisberichten (Kap. 6.1).

7.2 Die Bewusstseinsentwicklung im Zen

Zen kann als ein anspruchsvoller Übungsweg gelten. Er mutet denen, die diesen Weg gehen wollen, von Beginn an ein Niveau zu, das auf anderen Wegen erst nach mehreren Vorübungen erreicht wird. Zen – chinesisch chan, indisch dhyana – haben wir für den Yoga mit passiver Konzentration übersetzt; die vorletzte Stufe des achtfachen Yogaweges, dort nur noch gefolgt von samadhi. Zen verzichtet also auf alle Vorübungen: keine Körperübungen, keine Atemübungen, keine Übung zur Abschirmung der Sinnesreize; für den klassischen Zen (soto) auch keine Hilfsmittel zur Konzentration.

Neben dem klassischen Zen, in Japan seit Dogen – 1200 bis 1253 – geübt (Lit. in Winter '03; z. B. Dogen '02), hat sich im 17. Jahrhundert mit Hakuin (z. B. Hakuin '97) eine neue Richtung gebildet (Rinzai), die als Hilfsmittel das Koan hinzunimmt – in der Regel Mu – Nichts – mit jedem Atemzug wiederholt, an dem entlang geübt wird und das in gewissem Sinne wie ein Mantram benutzt wird. Auf die Diskussion der Funktion des Koan als paradoxes, rational nicht lösbares Rätsel gehen wir hier nicht ein – es kann als eine Hilfe zur Überwindung des rationalen Denkens gelten. In jüngster Zeit hat sich eine dritte Art des Zen herauskristallisiert, der Walking-Zen (Thich Nhat Hanh; z. B. '89): Dieser setzt im Gegensatz zu den beiden anderen Richtungen, die Sitzen zum Zentrum der Übung machen, auf ruhiges Gehen.

Irgendwelche empirischen Arbeiten, die die Übungselemente dieser drei Wegarten und die jeweils gewonnenen Bewusstseinsveränderungen – für den Zen „satori“ genannt – miteinander vergleichen, sind bisher nicht bekannt geworden; ganz zu schweigen von Gegenüberstellungen z.B. mit dem Yogaweg, also etwa der Frage, für wen der Verzicht auf vorbereitende Körper- und Atemübungen angemessen und zielführend ist. Im Kap. 8 zur Forschung werden wir auf die Notwendigkeit von dosis (Menge), set (Persönlichkeitsvariablen), setting (Übungselemente): was? für wen? wie viel? – erneut hinweisen. Für das setting verzichtet Zen nicht nur auf alle vorbereitenden Körper- und Atemübungen; es ist auch der einzige Übungsweg, der mit offenen Augen übt – im Gegensatz z. B. zu Yoga, Qi Gong, Christliche Meditation, TM, Vipassana, Tibetische Meditation usw. Auch zum Vergleich solcher entscheidenden Parameter wie Augen auf oder Augen zu fehlt jede empirische Forschung, ersetzt durch Behauptungen der jeweiligen Richtung. Dies gilt für fast alle wichtigen Fragen des praktischen Vorgehens, z. B. den Fragen des Sitzens – viel verwendet wird im Zen ein Sitzbänkchen – und der von einigen Lehrern vertretenen Hypothese, dass mit solchen Hilfsmitteln – nicht zu sprechen von dem Sitzen auf einem Stuhl, wie dies Yogananda und die TM vorschlagen – noch nie nennenswerte Fortschritte gemacht worden sind, sondern immer nur mit untergeschlagenen Beinen – Schneidersitz, bis zu den Abstufungen des Lotossitzes, der „genialen Erfindung der Asiaten“ (Lassalle); nur so werde der Körper stabilisiert.

In Ermangelung gesicherten Wissens muss sich der Einzelne aufgrund subjektiver Voreinstellungen für einen Weg entscheiden, es sei denn, er nimmt sich die Zeit auszuprobieren, was für ihn bekömmlich ist; in den seltensten Fällen geschieht dies; entweder hat er bei der Wahl

Glück gehabt, d. h., es „passt“ für ihn oder er handelt sich die stärksten Beschwerden ein – im günstigen Fall wird viel Zeit verschwendet. Es ist ein Elend, aber der Stand der Dinge.

Wir entscheiden uns hier für die Darstellung des Rinzai-Zen-Weges, subjektiv überzeugt, dass Bewegung (Walking Zen) zwar gut ist, es irgendwann aber auf eine ruhige Versammlung und Verinnerlichung – also Sitzen – hinauslaufen sollte; andererseits sind wir tief davon überzeugt, dass es, wie in jedem Lebensbereich Stufen der Erfahrung und Übung gibt – aber eben subjektiv überzeugt. (Auf den Mangel an Hypothesen prüfender Forschung haben wir hoffentlich deutlich genug hingewiesen.) Überzeugt von Stufen der Erfahrung wenden wir uns also dem Rinzai-Zen zu und lassen Soto auf sich beruhen bzw. verweisen auf die einschlägige Literatur, zusammengetragen von Winter ‘03.

Die Entwicklungsstufen des Zen (wir sprechen jetzt abgekürzt von Zen, wenn wir Rinzai meinen) sind traditionell in der immer wieder kommentierten Bildgeschichte vom Ochsen und seinem Hirten (z. B. Buchner ‘57; Lassalle ‘90) dargestellt, die wir auch zur Grundlage der Formulierung prüfbarer Items benutzt haben.

Vergleichbar dem Vorgehen beim Yoga-inventory wurden die Formulierungen erfahrenen Zen-Lehrern vorgelegt und diejenigen ausgewählt, die die größte Übereinstimmung mit der Einschätzung ‚geeignet‘ erhielten.

1. Das Suchen nach dem Ochsen

Hier weicht der Zen-Weg von anderen Übungswegen ab. Während dort mit Übungen oder Vorübungen begonnen, also nicht danach gefragt wird, welche Gründe, welche Motivation Menschen dazu bringen, einen Übungsweg zu gehen, werden auf dem Zenweg genau diese Fragen gestellt. Der Ochse kann als Symbol tieferer vitalerer Schichten der Persönlichkeit gelten; er kommt auf der ersten Bildtafel gar nicht vor; sondern der Hirte, als Symbol des Ich oder des rationalen Denkens, Wahrnehmens und Handelns, fühlt sich in der Welt nicht geborgen und sicher, sondern irgendwie vereinzelt, abgeschnitten von tragenden Kräften; von irgendeiner Integration – in unserer Psychologie als Selbst bezeichnet – kann keine Rede sein.

Für diesen unbefriedigenden Zustand als Anlass und Motivation, einen Weg zu gehen – die erste Bildtafel – haben wir z. B. formuliert:

1' Ich fühle mich in der Welt verloren, entfremdet, isoliert; von irgendeiner Mitte oder einem haltgebenden Absoluten habe ich weder ein Gefühl noch eine Vorstellung.

2. Das Finden der Ochsenspur

Auch auf dieser Stufe ist der Bereich, der zu Tafel 1 als Ochse gekennzeichnet wurde, noch nicht sichtbar; aber es tauchen erste Spuren auf, eine Ahnung, wohin die Reise gehen könnte.

Wir haben dazu formuliert:

1' Ich spüre, dass es so etwas wie eine innere Mitte oder ein Absolutes gibt.
2' Ich merke zunehmend, was für mich gut ist.

3. Das Finden des Ochsen

Der Anteil unserer Persönlichkeit, den wir auch den von eigenen Kräften gesteuerten Bereich des Unbewussten nennen, taucht auf. Aber das Ich-Bewusstsein (der Hirte) hat noch keine Verbindung zu diesem Bereich, kann die Kräfte weder steuern noch von ihnen profitieren.

Zum Wegabschnitt des Findens haben wir formuliert:

1' Ich habe das Gefühl, dass die Richtung stimmt.
2' In der Meditation habe ich Abstand zu den alltäglichen Problemen.

Wir möchten hier auf eine Besonderheit dieser Zen-Geschichte hinweisen. Es erscheint – wie auch auf den folgenden Tafeln – kein Dritter, der Anweisungen gibt, zwischen Hirt und Ochsen vermitteln könnte, besonders wenn es wie auf der nachfolgenden Tafel ‚zu heftigen Auseinandersetzungen' zwischen Hirt und Ochsen kommt. Rational formuliert: Es gibt keine Gestalt eines Lehrers auf dem Weg. Dieser Standpunkt wird in der Regel von Zen-Lehrern nicht vertreten. Die meisten Zen-Schulen halten einen Lehrer für unabdingbar.

Im Kap. 8 zur Forschung werden wir bei einer empirischen Untersuchung zu 1550 Langzeitmeditierenden (Engel '01) berichten, dass diese die Notwendigkeit eines Lehrers weit geringer einschätzen als z. B. die Wichtigkeit von Freunden und einer Gemeinschaft. Dies würde die hier vertretene Meinung der Zen-Geschichte zur Bedeutung oder Notwendigkeit eines Lehrers empirisch stützen.

4. Das Fangen des Ochsen

Diese Tafel ist bemerkenswert; einmal war der Erzähler dieser Bildgeschichte offenbar nicht der Meinung, dass das Auftauchen und Bewusstwerden von Bereichen, die wir vorläufig als die Kräfte des Unbewussten gekennzeichnet haben, in einen friedlichen und harmonischen Zustand übergehen, sobald sie bewusst werden, sondern ganz im Gegenteil kommt es, wie die Tafel darstellt, zu heftigen Auseinandersetzungen, in der der Hirte versucht, die Kontrolle über den Ochsen zu gewinnen, der heftig – in der Sprache der Reiter (in unserer Kultur reiten wir ja keine Ochsen, sondern Pferde) „gegen die Hand geht".

Diese Tafel ist die Zurückweisung einer weiteren weit verbreiteten Meinung, die Meditation als „relaxation response" zu verstehen suchen. Auf der hier zu besprechenden Tafel wird Auseinandersetzung bis zum Kampf dargestellt; von Entspannung kann keine Rede sein.

Wir haben zu diesem Wegabschnitt formuliert:

1' Ich kämpfe innerlich gegen Blockaden.
2' Die Hindernisse in der Meditation erscheinen schwer überwindbar.

5. Das Zähmen des Ochsen

Diese traditionell für die fünfte Tafel gebrauchte Überschrift ist nicht besonders glücklich, sie passt fast besser zur vorangegangenen Tafel. Wie das Bild zeigt, ist der Kampf abgeebbt, das Ich schreitet voran, die Verbindung zu dem Vitalbereich ist hergestellt und dieser folgt der steuernden Funktion, dem Hirten nach.

Wir haben dies in die Formulierungen gefasst:

1' Die Meditation finde ich wie eine Wanderung, ich muss zwar laufen, aber es ist angenehm.
2' Die Meditation bringt mich Schritt für Schritt weiter.

6. Die Heimkehr auf dem Rücken des Ochsen

Die Situation hat sich im Vergleich zu den beiden vorangegangen Tafeln grundsätzlich geändert. Kein Kampf mehr, auch nicht die Notwendigkeit, selber zu gehen, sondern der Hirte wird vom Ochsen getragen, kann sein Lied spielen, auf das der Ochse hört und den Weg geht.

Das Stadium des Getragenseins haben wir in die folgenden Items gefasst:

1' Die Meditation trägt sich und mich, daher brauche ich keine äußere Motivation mehr.
2' Leichtigkeit und Freude prägen Sitzen und Gehen.

7. Der Ochse ist vergessen, der Hirte bleibt

Auf der Tafel erscheint das Bild des Ochsen nicht mehr; die Arbeit mit dem Vitalbereich vom Suchen über Kampf bis Getragensein ist abgeschlossen. Eigentlich sollte erst ab dieser Tafel der Begriff Meditation verwendet werden, für die vorangegangenen Stadien wäre eher von Übung zu sprechen. Das in den Vorbereitungen gestärkte Ich kann sich ganz anderen Bereichen zuwenden; eher lassend, hingebend setzt eine Bewusstseinsveränderung ein, die den vitalen Bereich in sich aufgesogen hat und einer umfassenderen Einheit zustrebt.

Zu dieser Tafel haben wir formuliert:

1' Das Bewusstsein weitet sich weit über die Grenzen der Körperwahrnehmung aus.
2' Der innere Dialog hört auf.

8. Die vollkommene Vergessenheit von Ochsen und Hirten

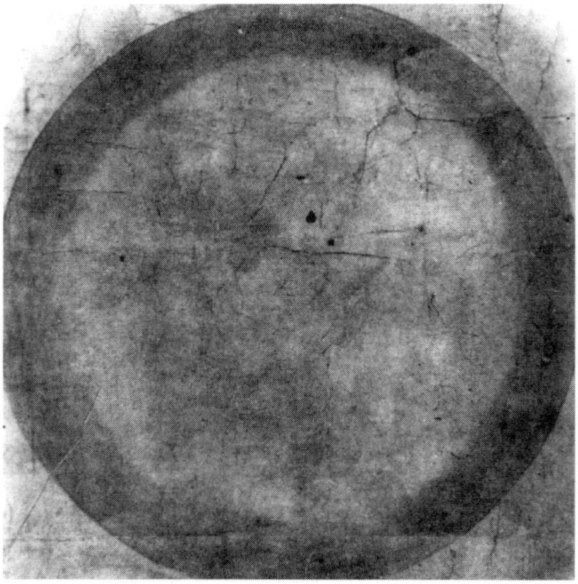

Die Tafel zeigt nicht nur keinen Ochsen mehr, sondern auch der Hirte, das Ich, das Subjekt, hat sich in einer umfassenden Einheit aufgelöst.

Dieses Erleben der Ganzheit, in den Erfahrungsberichten dargestellt, haben wir in die Formulierungen gefasst:

1' Kein Subjekt, kein Objekt mehr.
2' Der Geist ist leer, das denke ich nicht nur, sondern erlebe es.

9. und 10. Rückkehr in die Welt

Die beiden folgenden Tafeln fassen wir zusammen, da beide den Zustand nach der bewusstseinsverändernden Meditation beschreiben, d. h. ein entsprechendes Leben und Erleben nach der integrierenden Erfahrung. In der nüchternen Sprache des Zen: Die Berge sind wieder Berge, die Flüsse sind wieder Flüsse – aber eben ganz anders. Psychologisch ließe sich diese neue Weltsicht als ein Herauswaschen des Narzissmus deuten, im buddhistischen Sinne die Eliminierung von Gier und Hass; etwas romantisch formuliert: In der nachscheinenden Erfahrung einer gereinigten Seele erscheinen auch Welt und Menschen in einem neuen Glanz.

Dies haben wir z. B. formuliert in:

1’ Nichts ist zu suchen, alles ist schon da.
2’ Alle Erscheinungen – ein glitzernder Lebensfluss.

8. Forschung zu den meditativen Wegen

Empirische Untersuchungen zu den übend-meditativen Verfahren wie Zen, Vipassana, Yoga, TM u. a. haben in den letzten drei Jahrzehnten erheblich zugenommen. Murphy a. Donovan '88 tragen mehrere hundert Einzelarbeiten zusammen; den Stand zehn Jahre später fassen Engel '99 und neuere Arbeiten Shapiro et al '03 zusammen; hier sollen noch einmal die wesentlichen Arbeitsfelder genannt und aktuelle Forschungsbeiträge integriert werden.

8.1 Physiologische Korrelate

Die physiologischen Veränderungen während der Meditation, also die mit körperlichen Parametern erfassbaren Phänomene, treten besonders in den Stadien auf, die wir als Vertiefung bezeichnen; Bewusstseinsveränderungen, die auch die körperlichen Funktionen stark beeinflussen. In den Erfahrungsberichten weisen die Autoren auf Veränderungen beim Herzschlag und der Atmung hin. Neben diesen beiden Parametern werden in den physiologisch orientierten empirischen Untersuchungen der Spannungs- bzw. Entspannungszustand über Muskelrezeptoren und Galvanischen Hautwiderstand erhoben, die Vorgänge im Gehirn über die Messung der Hirnströme (EEG), neuerdings auch über bildgebende Verfahren – so, wie ein Röntgenbild Knochen sichtbar machen, stellen Verfahren wie die Spin-Tomographie auch Weichteile dar, hier das Gehirn.

Am häufigsten wurden in den empirischen Untersuchungen zur Meditation die Veränderung des Blutdruckes erhoben, da besonders leicht messbar – und eine Senkung als Entspannung interpretiert. (Die Einzelarbeiten sind in den oben genannten Sammelreferaten zitiert).

Die Verminderung der Atemfrequenz und damit des Luft- und Sauerstoffvolumens wird durchgängig von Langzeiterfahrenen berichtet (z. B. Benson et al '90).

Differenzierte Messungen der Blutserumwerte (z. B. Serum-Cortisol, Lipid-Peroxid, Beta-Endomorphin) legt vor allem die TM (Transzendentale Meditation) vor und stützt damit psychisch erlebte Veränderungen wie emotionale Befindlichkeiten, z. B. die Reduktion der Angst. Auch andere Schulen nutzen die biochemischen Werte, um körperliche Veränderungen durch die übend-meditativen Verfahren zu objektivieren. So Harte '95, der die emotionalen Veränderungen während vertiefter Yogaübungen über hormonelle Parameter darstellt.

Als intensives Arbeitsfeld kann die Untersuchung der Hirnströme gelten. Veränderungen im Beta-Bereich (Wachaktivität) und Alpha-Bereich (Alpha-EEG bei entspannter Ruhe) sind immer wieder bestätigt worden. Für tiefe Meditationszustände, in den Hirnaktivitäten als Synchronisation beschrieben, postuliert Ott ('00; '01) aufgrund bisheriger empirischer Hinweise für Absorbtionsphänomene (konzentrative entspannte Vertiefung, in der Yogasprache dhyana und samadhi genannt) das sogenannte Gamma-Band, 40 Hz bei 100 müV, und stellt für seine Untersuchungen neben den EEG-Ableitungen einen Satz von Parametern zusammen, der diese psychophysischen Veränderungen weiter absichert (Hautwiderstand, Muskelspannung, Atemtiefe, Herzfrequenz sowie subjektive Einschätzung des Erlebten). Er konnte zwar im EEG Bereich die erwarteten Effekte nicht nachweisen – die Probanden erreichten den Grad der gewünschten Absorption nicht – wir erwähnen die Arbeit, da sie methodisch hervorragend und wegweisend für die künftige Forschung zur Erfassung meditativer Vertiefung ist. Über die Integration der erwähnten bildgebenden Verfahren zur Objektivierung von intensiven (vertieften) meditativen Erfahrungen durch die Erforschung von Gehirnstrukturen berichten z. B. Lazar et al ('00) in der Identifizierung von Gehirnregionen bei aktiver Kundalini-Meditation, dargestellt im „functional Magnetic Resonance Imaging (fMRI)".

8.2 Psychische Korrelate

Die psychischen Veränderungen (Einzelarbeiten s. die genannten Sammelreferate) wurden lange Zeit unter dem theoretischen Konzept des „relaxation response" zusammengefasst; sicher sehr vorläufig, da es für die übend-meditativen Wege durchaus Phasen der Anstrengung und Anspannung gibt, wie wir bei der Darstellung des Zen-Weges ausgeführt haben. Um die einzelnen Wegetappen empirisch besser zu erfassen, halten wir die operationalen Definitionen der meditativen Wege für wesentlich (operational bedeutet hier: ein Item definiert den zu untersuchenden Bereich). Buchheld '00; '01 legt für den traditionellen südbuddhistischen Ansatz (Theravada) mit der Dreiteilung: Verhalten (sila), Aufmerksamkeit (sati) und Vertiefung (jhana – die buddhistische Vokabel für samadhi) für den mittleren Teil (sati – als Übung Vipassana genannt) einen Fragebogen vor, der Stand und Veränderung dieses Bereiches messen lässt. Über Fragebögen zum Yoga und Zen wird in Engel '02 berichtet.

Schulübergreifende Fragebögen zu tiefen meditativen Erfahrungen haben Piron ('01) und Ott ('01) entwickelt und an Probanden wichtiger Richtungen wie tibetisch-buddhistische Meditation, Zen, Yoga und TM empirisch geprüft.

Die Bewusstseinsveränderungen durch meditative Übungen empirisch zu sichern ist Aufgabe laufender Projekte zum dosis-set-setting Bereich: Was (setting)? Für wen (set: Persönlichkeitsvariablen)? Wie viel (dosis)? Eine Vergleichsstudie (Engel '01) an 1550 Langzeitmeditierenden (durchschnittliche Praxis über 10 Jahre) mit täglichen Meditationszeiten von 30 bis 60 Min. und drei bis vier intensiven Wochen – bzw. Wochenendkursen pro Jahr – so, wie sie in den jeweiligen Richtungen üblich sind – mit Probanden der Schulen: Zen, Vipassana, Tibetisch-buddhistische Meditation, Yoga, TM, Christliche Kontemplation, Oshomeditation und Qi Gong ließ sich in folgenden Sätzen zusammenfassen:

1. Trotz der erheblichen Differenzen in den impliziten theoretischen Annahmen der einzelnen Schulen und deutlich unterschiedlichen meditativen Techniken sind die gemachten Erfahrungen eher ähnlich als unähnlich.
2. Für die Praxis des meditativen Weges sind die jeweilige Gemeinschaft, Freunde und persönliche Partnerschaft von großer Bedeutung; d. h., auch für vertiefende, nach innen gehende Erfahrungssammlung sind die sozialen Parameter von hoher Relevanz.
3. Erstaunlicherweise wurde die Bedeutung eines persönlichen Lehrers für die Langzeitmeditierenden nicht so hoch eingeschätzt. Die Sichtweise, Meditation als Entspannungstechnik anzusehen, wurde ganz überwiegend zurückgewiesen.
4. Im Vergleich zu zufällig ausgewählten Kontrollgruppen von Normalprobanden (keine Meditation einerseits und keine psychosozialen Beschwerden andererseits) und Patienten (so starke Probleme, dass sie einer Psychotherapie bedurften) – d. h., in der Untersuchung

zur psychosozialen Gesundheit der Meditierenden zeigten diese eine größere Ähnlichkeit mit Normalprobanden (gesunde Personen) und geringere Ähnlichkeit mit Patienten; dies mit der doppelten Aussage: Meditierende können nicht als gestört betrachtet werden, aber auch ihre psychosozialen Werte verbesserten sich nicht – trotz der langen Übungszeiten. Phänomene wie Phobien, Ängste, soziale Sicherheit, Somatisierungen, Aggressivität, Zwänge sind etwa so ausgeprägt wie bei der durchschnittlich gesunden Normalbevölkerung. Hier hätten wir verbesserte und stabilere Werte erwartet, konnten aber auch die Meinung zurückweisen, Meditierende seien durch besonders hohe Werte in psychosozialen und psychosomatischen Beschwerden gekennzeichnet.

Eine bessere Differenzierung – was für wen bekömmlich ist und vor allem wie viel – wird, so hoffen wir, über weitere Arbeiten zu dosis, set und setting Fortschritte bringen.

8.3 Praktische Anwendungsbereiche meditativer Verfahren

Die empirisch gestützten, d.h. methodisch kontrollierten Anwendungsarbeiten lassen sich zunächst grob unterteilen in Projekte, die mit Normalprobanden durchgeführt wurden, und Untersuchungen an ambulanten und stationären Patienten.

Die Arbeiten zu Normalprobanden unterscheiden als Zielgruppen Kinder, ältere Menschen und Erwachsene mittleren Lebensalters und richten sich auf allgemeine Felder wie den Arbeitsplatz oder spezielle Situationen wie die von Gefangenen. Wir werden bei der Fülle der Einzelartikel jetzt nicht mehr auf die oben genannten Sammelreferate verweisen, sondern neuere Untersuchungen hervorheben.

In Deutschland hat sich für die Unterstützung von Kindern sowohl im Kindergarten- als auch Schulalter besonders der Yoga-Ansatz hervorgetan. In der Regel werden körperbezogene Übungen mit dem Training psychosozialer Fähigkeiten verbunden. Stück ('98; '02) berichtet über seine vielfältigen Arbeiten zu dem von ihm entwickelten strukturellen Trainingsprogramm, das für Kinder nicht nur beruhigende Effekte, sondern auch verbesserte emotionale Balance, wachsende Aufmerksamkeit und Motivation mit generalisierenden Auswirkungen auf das allgemeine tägliche Verhalten nachweisen ließ.

Variierende Programme von Augenstein ('04) und Goldstein ('02) gehen in eine ähnliche Richtung.

Für Verbesserungen am Arbeitsplatz hat sich besonders die TM eingesetzt (z. B. Alexander et al '91, der eine Verminderung des Alkohol- und Zigarettenkonsums, verbesserte Arbeitszufriedenheit und befriedigendere zwischenmenschliche Beziehungen zeigen konnte). Auch die aus der südbuddhistischen Tradition stammenden Achtsamkeitsübungen (vipassana) haben sich um die Beeinflussung des Arbeitsverhaltens und -erlebens bemüht mit Effekten im psychologischen Bereich (geringere Spannungen unter den Mitarbeitern; weniger Arroganz und Neid) sowie Verbesserungen in konkreten Feldern (Steigerung der Produktqualität und Wachstum des Betriebsvermögens, Shah '94).

Besonders beeindruckend sind die Arbeiten zu älteren Menschen, durchgeführt von der TM-Tradition, mit weniger Altersbeschwerden und verbesserter Überlebensrate (Alexander et al '89). Hier, wie auch bei anderen TM-Arbeiten, müssen wir kritisch fragen, wie stark der Einfluss der Übungsmethode und wie hoch der des Übungsleiters war. Versuchsleitereffekte können erst durch unabhängige Replikationen beurteilt werden, die in der Regel von den großen TM-Studien nicht vorliegen.

Die Untersuchungen zu meditativen Verfahren an ambulanten und stationären Patienten sind breit gestreut und richten sich auf Beschwerden wie Bluthochdruck, Phobien, Ängste, Psychoneurosen bis Psychosen; somatische Krankheitsbilder von Hauterkrankungen bis zur Begleitung und Unterstützung bei malignen Erkrankungen (zusammengetragen in Murphy a Donovan '88; Engel '99).

In jüngster Zeit ist die Bedeutung der Arbeiten aus dem TM-Bereich zurückgegangen. Die großen und sehr vielversprechenden Arbeiten zum allgemeinen Gesundheitsverhalten und zur Inanspruchnahme medizinischer Hilfe wurden von unabhängigen Untersuchungen nicht repliziert. Andere Meditationsrichtungen haben dagegen in der Unterstützung bei der Behandlung verschiedener psychischer und somatischer Störungen an Bedeutung gewonnen. Die Achtsamkeitsmeditation (Vipassana) wurde von Kabat Zinn (z. B. '92) an Störungsbilder wie chronische Schmerzen, Herz-Kreislaufbeschwerden, Bluthochdruck, Gastrointestinale Beschwerden, Hautkrankheiten wie Psoriasis und Ängste erprobt und als hilfreich erwiesen. In Deutschland hat Altner ('02) dieses Verfahren mit gutem Erfolg zur Reduktion des Rauchens angewandt.

Bei schweren Erkrankungen, z. B. verschiedenen Krebsformen, ist versucht worden, Ängste und Depression durch Meditation zu verringern und Stabilität zu gewinnen. Ob auch ein positiver Einfluss auf das Krankheitsgeschehen selbst angenommen werden kann, ist weiter umstritten (Mears '82, '83).

Im Wesentlichen lässt sich auch heute das zusammenfassende Urteil von Delmonte '82 halten: „Der positive Effekt von Meditation zur Reduzierung von Angst und Neurotizismus kann als gesichert gelten; in der Behandlung der essentiellen Hypertonie scheint sie sogar anderen Entspannungstechniken überlegen zu sein. Hilfreich ist Meditation ebenfalls bei der Verminderung von Drogenkonsum und der Verbesserung des allgemeinen Selbstwertgefühls; sie sollte eher als zusätzliche Behandlung genutzt – und auf leichtere Störungen (Psychoneurosen, Psychosomatosen) beschränkt werden. Der Einsatz bei schweren Störungen (Psychosen) kann nur in besonderen Fällen bei sehr erfahrener Anleitung als nicht schädlich gelten."

Über neuere Arbeiten zur Meditationsforschung wird fortlaufend im „Journal for Meditation and Meditation Research" berichtet.

Da die gesamte hier vorgelegte Arbeit darauf abzielt, die Praxis der Bewusstseinsveränderung zu begründen und fortzuführen – die Forschung leistet ihren Beitrag bei der Sicherung des Vorgehens –, möchten wir am Ende dieses Abschnittes darauf hinweisen, dass für die Praxis der meditativen Wege (diese sollen ja die Bewusstseinsentwicklung voranbringen) wesentliche Fragen ungeklärt sind. Bisher wird eher behauptet als begründet: z. B. Üben mit Augen auf (Zen) oder Augen zu (alle anderen, wie Yoga, Christliche Meditation, Vipassana usw.). Zu fragen wäre: Welche Ergebnisse werden mit dem einen oder anderen Verfahren erreicht? Dies gilt ebenso für einen weiteren zentralen Parameter, die Aufmerksamkeit bezüglich des Atems. Wir finden im Wesentlichen drei Vorgehensweisen: Aufmerksamkeit folgt der Ein- und Ausatmung (einige Yogaformen); Aufmerksamkeit an der Ein- bzw. Austrittsstelle des Atems halten (Nasenwurzel; z. B. klassisch buddhistisches Vorgehen: ana – pana – sati); Aufmerksamkeit läuft gegen den Atemstrom (als Energiefluss vorgestellt; z. B. Kriya-Yoga, Qi Gong). Welches Vorgehen bewirkt welche Effekte?

Diese Fragen würden auch für zentrale kognitive Einstellungen gelten. Die Einstellungen werden für die Übungspraxis in den Mantram- oder Koanformeln zusammengefasst, z. B. die ständige Wiederholung von „Nichts" im Zen (Ergebnis: Leere) oder im Yoga „Tat vam asi"

Identifikation mit allem (Ergebnis: kosmisches Bewusstsein oder Fülle). Diese ungeklärten Fragen reichen neben den schon erwähnten technischen Details (Augen auf oder zu, Aufmerksamkeit mit oder gegen die Atmung) bis zu Bewegung (Walking Zen, Osho Meditation, Sufi-Tanz) vs. ruhiges Sitzen (fast alle traditionellen Richtungen) und bis zur Sitzhaltung, z. B. mit der Hypothese, dass ganze Schulen mit Hunderttausenden von Anhängern gescheitert bzw. bis zur Bedeutungslosigkeit geschrumpft sind – durch die Anweisung, auf einem Stuhl zu sitzen (Yoganandas self realisation followship; Transzendentale Meditation), was möglicherweise einer inneren Versammlung nicht zuträglich ist.

Die Fragen ließen sich fortsetzen, z. B.: Wie wirken sich die bei einigen Wegen übliche sensorische Deprivation, Sozio- und Sexual-Restriktion, Introversion und Bewegungsmangel auf das Gesamtbefinden aus?

Wir schließen den Abschnitt mit einem Wunsch: Weniger ungeprüfte Behauptungen, Tendenzforschung und Propaganda; mehr Hypothesen prüfende Arbeiten; dazu sollte Forschung einen Beitrag leisten.

9. Gefahren und Fehlentwicklungen der Bewusstseinsevolution

Jede Entwicklung kann auch zu Fehlentwicklungen, Zerstörungen und völligem Scheitern führen. In der Formulierung der Grundaussagen zur Evolution (Kap. 3) wurde die Fähigkeit von Systemen, sich aufzulösen und zu zerstören, ausgeführt. Wann aber können wir von einem sich verändernden System – hier dem Bewusstsein – sagen, es sei eine Entwicklung, eine Weiterentwicklung und keine Fehlentwicklung? Wir müssen Kriterien ausarbeiten, die Weiterentwicklung von Fehlentwicklung zu unterscheiden gestattet.

Wilbers Prae-Post-Paradigma kann als solches Kriterium gelten. Eine Veränderung führt nicht weiter (post), sondern fällt auf schon durchlaufende Stufen (prae) zurück. Magisches Denken beispielsweise war in der Entwicklung schon durchlaufen; wenn logisch-formal-rationales Denken sich in magisches Denken verändert, fällt es zurück in ein Prae und zerstört die schon vorhandene Stufe des Denkens, ist also keine Weiterentwicklung.

Freuds Kriterium des „lieben und arbeiten" formuliert die erreichte erwachsene Entwicklung des Individuums; ein Rückfall (Regression) auf frühkindliche Wünsche und Verhaltensmuster zerstört die erwachsene Struktur – wenn sie nicht zu einer Rekonstruktion, Regression im Dienste des Ich, genutzt wird.

Die Weiterentwicklung einer Struktur ist also immer durch zwei Charakteristika gekennzeichnet:

a) Die alte Struktur bleibt erhalten.
b) Es kommt eine neue Struktur hinzu.

Im Molekül bleibt die Struktur des Atoms erhalten – wird nicht zerstört – und eine neue Struktur kommt dazu, die des Moleküls. In der Familie bleibt die Struktur des Individuums erhalten – wird nicht zerstört – und es kommt eine neue, die der Familie, hinzu. Immer gilt: something in addition: erhalten und ergänzen.

Auch in der Bewusstseinsentwicklung muss erstens das Gegebene erhalten bleiben (z. B. logisches Denken – oder „lieben und arbeiten“) und etwas kommt dazu, z. B. Bewusstseinserweiterung. Diesen Kriterien genügen Fehlentwicklungen nicht; weder wird erhalten noch ergänzt.

In einem Überblick zu Bewusstseinsveränderungen führt Park (‘93) eine breite Vielzahl von Bewusstseinsveränderungen auf, gegliedert in zehn Bereichen. Die ganze „Schlammflut“ der Seele, von der sich Freud abwandte, als ihm C. G. Jung einige Bewusstseinsveränderungen vorstellte. Wir finden bei diesen Veränderungen alles vom manifest Kranken (nichts funktioniert mehr – weder die Seele noch der Körper) über Regressionen, Prae-Post-Verwechslungen, narzisstischen Überblähungen bis hin zu Phänomen, die „erhalten und ergänzen“.

Hier die Übersicht von Park (‘93):

1. Das Erwachen der Kundalini. Das bedeutet eine radikale Verwandlung der Beziehung einer Person zu ihrer biologischen/physischen Energie, begleitet von einer zunehmenden Offenheit für und Erleben von transpersonalen Erfahrungsebenen. Kundalini wird betrachtet als ein biologischer Mechanismus, der die Qualität des Bewusstseins verändert. Begleitsymptome sind starke physische Empfindungen, z. B. Schwankungen der Körpertemperatur, Erfahrungen, dass die Wirbelsäule von einer Welle von Energie durchflutet wird, Zittern, heftiges Schütteln der Gliedmaßen, Krämpfe oder komplexe Drehbewegungen, Lichtvisionen, unwillkürliche sprachliche Äußerungen, Weinen, verschiedene akustische Phänomene sowie emotionale und psychologische Veränderungen (Krishna ‘70; Muktananda ‘74; Jung ‘75).

2. Die zweite Form, die zu krisenhaften Fehlentwicklungen führen kann, wird als „Schamanische Krise“ bezeichnet. Eine dramatisch verlaufende Episode eines außergewöhnlichen Bewusstseinszustandes, die den Beginn der Laufbahn vieler Schamanen kennzeichnet. Die Episode verläuft zugleich mit einer lebensbedrohlichen Krankheit oder einem Trauma, wobei physisches Leiden und eine Begegnung mit dem Tod mit anschließender Wiedergeburt und Aufbruchstimmung im Vordergrund stehen. Gewöhnlich kommt der Schamane in Berührung mit Totem- oder Zauber-(„Kraft“) Tieren, Dämonen oder bösen Geistern, die häufig in eine Unterwelt führen, wo das Leben des Schamanen neu bestimmt wird, so dass er zu einer Wiedergeburt in der realen Welt zurückkehrt. Typisch für schamanische Krisen können Erlebnisinhalte von Folterungen, Verstüm-

melungen oder diversen körperlichen Qualen sein. Diese Erfahrungen, so glaubt man, verleihen dem Schamanen die Fähigkeit, in diese außergewöhnlichen Zustände einzutreten, um dann Heilungen aufgrund eines höheren Wissens vorzunehmen (Eliade '64; Harner '80, Nicolson '87).

3. Psychologische Erneuerung durch Aktivierung zentraler Archetypen. Von dem Jungianer Perry ('53, '74, '76) erforscht und beschrieben, ist dieses Phänomen eine Episode von psychischer Aktivierung, gewöhnlich mit starken psychoseähnlichen Prozessen. Diese „psychologische Erneuerung", wie Perry sie nannte, stellt eine tiefgehende Reorganisation des Selbst dar, gekennzeichnet von einem inneren Erleben, bei dem sich die betroffene Person oft im Zentrum des Weltgeschehens, z. B. des Überlebens der Menschheit, erlebt. Im Vordergrund stehen Themen wie Tod, Weiterleben nach dem Tod, Rückkehr zum Schöpfungsanfang, Zusammenschau von Gegensätzen bzw. Polaritäten wie gut/böse, weiblich/männlich, Christus/Teufel.

4. Das Öffnen der Psyche beinhaltet u. a. übersinnliche Wahrnehmungen und andere parapsychologische Manifestationen. Solche Erfahrungen können Telepathie, Hellsehen, Präkognition, Psychokinese, Formen des Lebens außerhalb des Körpers, Fremdeingebungen, Visionen, ungewöhnliches Zusammentreffen seltsamer Zufälle oder Synchronizitäten beinhalten. Bei akuten Episoden erhält die betroffene Person psychische Informationen, die das Ich und oft das gesamte Glaubenssystem des Erlebenden überschwemmen (Tart '77; Krippner '77; Hastings '83).

5. Karmische Verhaltensmuster oder Erinnerungen an ein früheres Leben. Der Betroffene erlebt dramatische Episoden, die – bezogen auf die Gegenwart – zeitlich oder räumlich versetzt, d. h. in einem früheren Leben, Geburt usw. vorzukommen scheinen. Solche Episoden können sehr realistische, intensive Geburts-, Folter- oder Todeserlebnisse sein, seltsame physische Empfindungen, Erinnerungen an Familienmitglieder oder an alte Kulturen. Häufig erhellen diese Episoden gegenwärtige Schwierigkeiten im Leben des Betroffenen: irrationale Ängste, Probleme in zwischenmenschlichen Beziehungen (Stevenson '66; Wambach '78; Woolger '88).

6. Besessenheit als Episode, in der das Individuum Gesichtszüge, Gestik und Einstellungen einer anderen Person – typischerweise diaboli-

scher Art – nimmt. Der Betroffene kann sich als Opfer fühlen, heimgesucht oder fremdgesteuert und entsprechend ängstlich und besorgt. Menschen, die solche Episoden erleben, betrachten die „Entitäten“ oder die fremde Macht als bösartig, feindselig und beunruhigend. Dieses Phänomen zählt zu den am wenigsten verstandenen und am kontroversesten diskutierten Arten einer kritischen Entwicklung und wird am ehesten als pathologisch betrachtet. Besessenheit kann verstanden werden als ein breites Kontinuum, das von dissoziativen Zuständen – als Ergebnis schmerzlicher Erfahrungen – über unerwartetes und uncharakteristisches Verhalten sowie Stimmen – identifiziert als „Andere“ – bis zur „Multiplen Persönlichkeit“ reicht. (Wickland ‘74; Allison ‘89; Dusen ‘72).

7. Kanalisierung (Channeling) und Kommunikation mit spirituellen Führern, die den Betroffenen leiten; beinhaltet u.a. Kommunikation mit unsichtbaren, nicht feindseligen Wesen in einem veränderten Bewusstseinszustand, der anderen Wesen oder Intelligenzen zu sprechen erlaubt, was den so Betroffenen zum Tunnel („Channel“) macht. Typischerweise haben diese Entitäten Eigenschaften in Stimme und Ausdruck, die radikal anders sind als die des Betroffenen im Normalzustand. Die „Entität“ wird als Wesen erlebt, das Zugang zu Wissen hat, zu dem der „Tunnel“ keinen Zugang hätte, oder Erfahrungen, die zuvor nicht erlebt worden waren. In allen Kulturen war das Kanalisieren von höherem Wissen eine wichtige Form des spirituellen Lebens – z. B. im Buch Mormon, Teilen der Bibel oder im Koran. Die Kommunikation mit Geistern (spirit guides), die den Betroffenen lenken, stellt eine andere, eher als persönlich empfundene Form der Trance dar, da die „Entität“ oder „Stimme“ vom Betroffenen als eine Art spiritueller Berater angesehen wird (Klimo ‘87).

8. Einheits-Bewusstsein oder „peak experience“. Auf der Grundlage der Studien von Maslow (‘64) und Stace (‘60) bezeichnete Pahnke (‘66) solche Ereignisse als Erlebnisse der inneren und äußeren Einheit oder Harmonie, starke positive Emotionen, Überschreiten von Zeit und Raum, ein Gefühl von Heiligkeit, nicht logischer (d. h. paradoxer) Natur, Objektivität und Realität der Einsicht, Unaussprechlichkeit, verbunden mit positiven Nachwirkungen. Zwar berichten die Betroffenen, dass diese Erfahrungen im Allgemeinen sehr positiv sind, sie können aber doch zur Krise werden, wenn sie in der Gesellschaft nicht erkannt

oder nicht verstanden oder gar als gegenstandslos abgetan werden (Grof und Grof '90). Gelegentlich dauern die Episoden länger an und unterliegen nicht der willentlichen Steuerung, was unerfahrene Familienmitglieder oder Kollegen am Arbeitsplatz besorgt macht. Im günstigsten Fall stehen solche Missverständnisse der Integration der Erlebnisse durch den Betroffenen im Wege, in weniger günstigen Umständen werden sie – in den Diagnosen – pathologisiert und führen zu unangemessenen Interventionen.

9. Nahtodeserfahrungen (NDE – Moody '75; Ring '84): Der Betroffene erlebt seinen klinischen Tod oder einen Nahtodeszustand. Üblicherweise hat er ein Gefühl des Friedens, er erlebt eine Art vorübergehendes „Davonfliegen", dann betrachtet er seinen Körper von oben, gefolgt von dem Erleben einer „heilen" Existenzform. Meistens bewegt die „anwesende Präsenz" den Betroffenen dazu, den bisherigen Lauf seines Lebens an sich vorbeiziehen zu lassen mit der Entscheidung, zu diesem Dasein zurückzukehren. Dies beendet die Episode, häufig abrupt. Gelegentlich bewegt sich der Betroffene weiter auf ein helles Licht zu oder durch einen Tunnel; meistens erinnert er sich nicht an den Wiedereintritt in den Körper. Rings ('84) Studien zeigen, dass im Leben der von Nahtodeserfahrungen Betroffenen spirituelle Dimensionen zunehmend wichtig werden. Für viele Nahtodeserfahrenen wird die Umorientierung des religiösen oder spirituellen Lebens zum wichtigsten Element und Zentrum aller Veränderungen des neuen Lebens. Interessanterweise gibt es bei den NED auch körperliche Manifestationen, die dem Kundalini-Phänomen ähneln, z. B. stark gesteigerten Herzschlag und Temperaturschwankungen oder elektrische Empfindungen an verschiedenen Teilen des Körpers.

10. Im Hinblick auf das Auslösen von kritischen Bewusstseinssituationen haben Begegnungen mit UFOs oft eine große Bedeutung. Typischerweise erlebt der Betroffene eine Art Kommunikation, nahen Kontakt oder Einführung durch fremde Wesen, die als von einem anderen Stern kommend erlebt werden. Diese Berichte variieren von angenehmen, inspirierenden oder sogar willkommenen Kontakten bis radikal invasiven und unerwünschten Begegnungen, die ihre Opfer in Angst und Schrecken versetzen (Strieber '87).

So weit der Querschnitt durch Krisen und Gefahren, sowohl spontan auftretend wie Folge systematischer Übungen. Wenn wir die beiden in diesem Buch exemplarisch betrachteten Wege heranziehen, so kann die Kundalini-Krise für den Yoga-Weg und die Zen-Krankheit für die Zen-Meditation als wesentliche Gefahr gelten. Die Kundalini-Krise, schon oben beim Querschnitt erwähnt, hat breite Forschungs- und therapeutische Aktivitäten ausgelöst:

a) Das Kundalini Research Network (Kason '94) mit der Entwicklung und Prüfung von Fragebögen widmet sich der Beschreibung und Behandlung dieser Krisen;
b) die Forschung, z. B. im interkulturellen Vergleich (Kundalini im klassischen Yoga, huo bei chinesich-taoistischen Ansätzen, quaumanoq bei Eskimo-Schamanen, tumo im tantrischen Yoga) und
c) die Abgrenzung positiver körperlicher (gesundheitsstabilisierender) von bedrohlichen Entgleisungen und pathologischen Ausprägungen (Greyson '93 a u. b).

Die Zen-Krankheit (Scharfetter '97; Rhyner '97) wird in folgenden Bereichen beschrieben:

a) Täuschende Empfindungen und Erscheinungen: Sinnesempfindungen; Bilder, die außerhalb der Meditation nicht vorhanden sind.
b) Körperliche Erkrankungen: verschiedenste somatische und psychosomatische Krankheiten, die ohne das „Sitzen" nicht vorhanden sind.
c) Zen-Koller: psychische Dekompensation bis zur psychotischen Krise und Suizid während und nach intensiven Zen-Kursen.

Der Behandlung haben sich ambulante Therapeutenorganisationen (z. B. Spiritual emergency – Todtmoos-Rütte) und Spezialkliniken (z. B. Heiligenfeld, Bad Kissingen) angenommen.

Vorboten sich ankündigender Krisen sind noch nicht systematisch dargestellt worden. Viele Menschen spüren jedoch sich ankündigende Schwierigkeiten und nehmen von weiteren Übungen Abstand, so dass wir die Abbrüche mit zu den Gefahren rechnen können. Abbrechen war ja nicht das Ziel der Übung.

Systematische Erhebungen zur Abbrecherquote (Drop out-Rate) liegen nur sporadisch vor. Schon nach einem Jahr werden Abbruchraten um 50 % berichtet (Delmonte '88), zuweilen bis 90 % (bei TM Meditation – Rivers a. Spanos '81).

Realitätsnahe Schätzungen von älteren Meditationslehrern, die Jahrzehnte einer Schule überblicken und sich gestatten, Aussagen zur Abbrecherquote zu machen (sowohl Zen wie aus dem Yoga kommende Schulen, z. B. Yoganandas Self-Realization Fellowship, Maharishi Manes Yogi's TM) gehen übereinstimmend in die Richtung: Etwa 10 % bleiben dabei; d. h. 90 % Abbrecher – das ist keine sehr befriedigende Situation.

Als Faktoren und Gründe für Abbrechen wurden bisher herausgearbeitet: Widerstand gegen weitere Entwicklung, Angst vor Ich-Verlust als wesentlicher innerer Grund; Ärger über Personen und Institutionen, Zeitmangel und Krankheit als eher äußere Gründe (Dubs '87). In Zukunft wird noch stärker zu differenzieren sein, in welchem Stadium Krisen auftreten, die zu Entgleisungen und Abbrüchen führen. Für den Zen gehen die Berichte bezüglich der äußeren Übungen in der Regel in Richtung eines zeitlich für die Betroffenen zu intensiven Übens. Auch praedispositionelle Schäden spielen eine erhebliche Rolle, daher fragen einige Schulen zu Beginn nach vorangegangenen ambulanten und stationären Therapien sowie den Gründen dafür. Der Ausbruch einer Krise vollzieht sich meistens während der üblichen Mehrtageskurse mit vielen Stunden Sitzen pro Tag.

Für den Yoga-Weg werden krisenhafte Zuspitzungen für die Vorstufen des Yogaweges – also bis einschließlich asanas und pranayama – kaum berichtet. Aus denjenigen Schulen – wie Iyengar-Yoga (Iyengar '91), die diese Vorstufen zum Zentrum ihrer Übungen machen – sind denn auch praktisch keine krisenhaften Entwicklungen bekannt geworden. Die Probleme scheinen mit der eigentlichen Nachinnenwendung, also der Restriktion von sensorischen Reizen (pratyahara) zu beginnen.

Wenn wir hier die wesentlichen Gefahren nennen:

1. sensorische Restriktion; oft verstärkt durch
2. soziale Restriktion – und
3. sexuelle Restriktion

Die insgesamt eingeleitete Introversion und damit verbunden intensive Übungspraxis scheint in der restriktiven Lebensführung für viele ganz unbekömmlich. Sensorische, soziale und sexuelle Restriktionen (im Yoga brahmacharia genannt) können zu Isolation und Beziehungsmangel führen, die offensichtlich vielen nicht zuträglich sind. Der Beziehungsmangel wird dann weiter verstärkt durch:

4. Bewegungsmangel

Lange Zeiten des Sitzens, wenn diese nicht durch aktive Bewegungsübungen ergänzt werden, verstärken die negativen Faktoren.

Zu diesen vier pathogenen Faktoren kommen dann als möglicherweise entscheidende Schwierigkeiten

5. strukturauflösende-psycholytische Faktoren

So gut wie alles, was wir über psychische Gesundheit wissen, hat mit stabilen inneren Strukturen zu tun. Entgleisungen werden mit strukturellen Störungen oft geradezu gleichgesetzt. Labilisierung der Strukturen (von strukturellen Verfestigungen wie Zwängen wird hier abgesehen) führt ohne entsprechende Gegengewichte – wir kommen gleich darauf zurück – in der Regel zu schweren Störungen.

Diese psycholytischen, ich-auflösenden Ansätze werden in einigen Richtungen aktiv gefördert, etwa mit Bildern: Das Ich und seine Strukturen müssten sich wie Zucker im Wasser – noch romantischer: wie Schneeflocken in der Sonne (Kopp '94) auflösen. Diese psycholytischen Übungen haben offensichtlich den gleichen Effekt wie psycholytische Substanzen (z. B. LSD), vom Gesetzgeber – zu Recht – verboten. Selbst die Forschung zu diesen Substanzen ist inzwischen gesetzlich untersagt; die Gefahr des Missbrauches ist einfach zu groß.

Die traditionellen Schulen wie Yoga und Zen balancieren diese lytischen Elemente durch starke strukturierende, haltgebende Elemente:

1. kognitive Strukturen

Die Schulen gehen von festen Systemen aus, die von den Übenden tief verinnerlicht und damit haltgebend sind, z. B. Konzepte zur Wiedergeburt, göttlichen Führung, ewigem Leben und Ähnlichem.

2. ethische Strukturen

Im Yoga ausdrücklich formuliert (Yama u. Niyama), in den traditionell buddhistischen Ansätzen ebenfalls (sila), im Zen implizit enthalten.

3. soziale Strukturen

Intensive, sich auf tiefere seelische Schichten einlassende Übungen sind entweder in sozialen Strukturen organisiert – z. B. Orden oder ordensähnliche Gemeinschaften mit festen Regeln – oder um sie gruppiert.

Die Balance der konstruktiven Faktoren, der haltgebenden Bereiche, mit den gefährdenden Faktoren ist herauszufinden. Haltgebend auf der einen Seite: Lehrer, Gemeinschaft, Lehre (als kognitive Struktur) – im klassischen Buddhismus als triratana, drei Kleinodien bezeichnet. Auf der anderen Seite die gefährdenden Faktoren: Bewegungs- und Beziehungsmangel, sensorische, soziale und sexuelle Restriktionen, strukturelle Labilisierungen. Bisher kann angesichts der hohen Abbruchraten und ambulant wie stationär behandlungsbedürftiger Patienten diese Balance nicht als befriedigend gelten. Diese Hypothese, dass vertiefende, mit Restriktion und Lyse verbundene Übungen der gegensteuernden Balance bedürfen, wird weiter unterstrichen durch Richtungen, die auf seelische Vertiefungen verzichten – wie Iyengar Yoga oder Walking Zen (Thich Nat Hanh '89). Körper und Atemübungen oder ruhiges und entspanntes Wandern machen keine Beschwerden, bringen aber auch keine seelische Vertiefung. Im Zen wird dies besonders deutlich: auf der einen Seite friedliches Wandern (Thich Nat Hanh), auf der anderen Seite hoch aggressive und invasive Anweisungen: Laufen, wie mit einem Dolch in der Hand, der den davor Laufenden im nächsten Augenblick niederstechen will (Baker Roshi), Koan mit Macht, wie ein Schwert in den Unterleib stoßend (Lassalle); Üben auf Leben und Tod (Lassalle '92). Die Konzentration und damit Einleitung der Vertiefung wird mit Macht erzwungen (forced meditation) mit den bekannten positiven Ergebnissen, die wir in den Erfahrungsberichten darstellt haben, aber auch den oben genannten Gefahren. Die Ausbalancierung invasiver und lytischer gegenüber relaxierender und strukturierender Elemente erscheint als die zu lösende Aufgabe.

10. Die großen Verwechslungen: Suche nach Kriterien für die Einordnung der Evolutionsstufen des Bewusstseins

10.1 Die Prae-Post-Verwechslung

Die Verwechslung von entwicklungsmäßig vorangegangenen Stufen, die bereits überwunden waren, dann aber wieder als anzustrebende Ideale dargestellt werden, nennt Wilber die Prae-Post-Verwechslung. Er beschreibt den Zusammenbruch von Entwicklungen: Fortgeschrittene Strukturen können nicht gehalten werden, und damit werden überwunden geglaubte Stufen erneut sichtbar; z. B. magisch-mythisches Weltverständnis, von rationaler Durchdringung der Welt abgelöst, wird wieder sichtbar, wenn rationales Denken versagt; oder wachsendes Leben und Erleben bricht zusammen und frühkindliche Entwicklungsstufen kommen wieder zum Vorschein. Neben diesem Zusammenbruch entwickelter Strukturen kommt es auch zur Umwertung der Evolutionsstufen; das Überwundene, das Prae, z. B. magisch-mythisch, wird als Post-Weiterentwicklung der rationalen Stufe angesehen; d. h., Prae und Post werden verwechselt; Prae wird als Post ausgegeben. Die strukturelle Schwäche, die Regression, wird als Progression ausgegeben. Zurück zur Natur; die menschliche Kultur wird wieder reduziert zugunsten biologischer Abläufe; Biologie bildet nicht die Grundlage und das tragende Fundament für kulturelle Phänomene, sondern wird als Fortschritt und Ziel ausgegeben. Etwas polemisch ausgedrückt (Voltaire an Rousseau): Die Menschen jodeln wieder mit den Affen auf den Bäumen und glauben, die Natur sei der Fortschritt gegenüber der Kultur – Prae-Post-Verwechslung. Erwachsene benehmen sich wieder wie Kinder, regredieren auf individuell überwundene kindliche Entwicklungsstufen und glauben, ein Verhalten wie die Kinder sei natürlich und anstrebenswert. Die kindliche Unverdorbenheit sei das anzustrebende Paradies, belasst die Kinder so, wie sie sind, dann kommt alles in Ordnung. Kinder sind nicht geprägt durch Impulse, in jeder Richtung durcheinandergehend, noch nicht strukturiert und bedürfen nicht der Grenzsetzung und Erziehung hin zu lieben und arbeiten als Charakteristikum der erwachsenen Ebene, sondern sind ursprünglich paradiesisch, als wiederherzustellendes Ziel: Prae-Post-Verwechslung. Ökosysteme sind nicht Grundlage für Zivilisation und Kultur, sondern Ziel der Entwicklung: Prae-Post-Verwechslung. Besonders für die Stufen der Evolution des Bewusstseins arbeitet Wilber die Gefahr der Verwechslung heraus. Rationales Denken wird nicht weiterentwickelt, sondern reduziert; Personales wird nicht weiterentwickelt, sondern reduziert; Regression wird als Ziel definiert, nicht Progression. Die Prae-Post-Verwechslung hat leider auch in neueren meditativen Schulen erhebliche Verbreitung gefunden.

10.2 Die doppelte Außen-Innen-Verwechslung

Neben der Prae-Post-Verwechslung ist die Fehlinterpretation psychischen Erlebens die wohl größte Gefahr tiefer meditativer Erfahrungen. Bewusstseinsphänomene, inneres Geschehen werden nach außen gestellt, als von außen kommende Bilder und Töne, so dass sie mit realen Situationen verwechselt werden. Im Abschnitt zu den Evolutionstheoretikern sind wir beim Lebenslauf Aurobindos einer solchen Situation begegnet: besonders gravierende Umstände, in diesem Fall Isolationshaft, so dass sich das innere Geschehen und Erleben verselbstständigte, er die Götter außen sah, von sich unabhängig – und mit ihnen sprechen konnte. Wilber ist hart in die Nähe einer solchen Situation gekommen, wieder gravierende Umstände: drei Monate soziale Isolation, nur 15 Stunden schreiben, ein Liter Milch und schlafen; dann elf Tage überhaupt nicht schlafen und er „sah", „wie die Welt aus den Träumen entsteht", und hatte einen „Beleg für die Existenz Gottes bzw. des Absoluten", das er GEIST nannte. Wenn die Analyse solcher Situationen von außen, durch Dritte, geschieht, führt sie in der Regel zu heftigen Gegenreaktionen der Anhänger. Wertvoller daher, wenn sie innerhalb eines Systems oder einer Richtung geschieht. Wir möchten ein typisches Beispiel aus der jüngsten Vergangenheit, von einem Schüler Ramana Maharishis, Poonjaji, berichten. Poonjaji hatte über Jahre sehr strikt täglich mehrere Stunden Bhakti-(Verehrung) Yoga geübt und seine Frau und die Kinder angewiesen, in den frühen Morgenstunden, wenn er übte, auf keinen Fall zu stören. Sie haben sich daran gehalten. Eines Morgens jedoch entstand im Haus ein erheblicher Lärm, der ihn dann doch von seiner Übung ablenkte. Er wusste, dass Frau und Kinder die vereinbarte Regel einhielten, und überlegte, da es die Zeit des Morgenzuges war, dass nur Besuch von Verwandten der Grund für die Störung sein könne. Da keine Ruhe eintrat, entschloss er sich, seine Übungen abzubrechen, das Zimmer zu verlassen und die Angekommenen zu begrüßen. Aus dem Zimmer getreten, staunte er nicht schlecht, denn da waren nicht seine Verwandten gekommen, die sich angeregt unterhielten und so viel Lärm verursachten, es waren die indischen Gottheiten Rama, Sita, Lakshman und Hanuman.

Als diese ihn sahen, begrüßten sie ihn ihrerseits; sie seien gekommen, um den großen Bhakti-Yogi zu sehen, der so voller Hingabe und Eifer seine Übungen verrichte. Er konnte die Götter sehen, sie sprachen mit ihm und er mit ihnen.

Trotz seiner großen Fortschritte war er immer noch auf der Suche nach einem für ihn angemessenen Lehrer mit dem Kriterium: Er muss die Götter sehen können. Als er später Ramana begegnete – wir kürzen hier die Geschichte ab; sie wurde an anderer Stelle ausführlich berichtet (Engel '97) –, war seine erste Frage: Kannst du die Götter sehen und mir zeigen? Als dieser ihm antwortete, er könne ihm nicht die Götter zeigen, wohl aber, wer er sei, ging Punjaji sofort; so jemand konnte nicht sein Lehrer sein. Warum er später wiederkehrte, ist eine andere Geschichte. Ramana löste ihm seine Projektionen auf und er, Poonjaji, wurde, was er in seinen letzten Jahren war; (genügend beschrieben (Poonja '93; '02) und derzeit in der Satsang-Bewegung weitergegeben (z. B. Wolf '03)).

Wir nennen es die Außen-Innen-Verwechslung in der einen Richtung, von innen nach außen; auf das entsprechende Phänomen von außen nach innen kommen wir später. Einige können die tiefen inneren Erfahrungen, die nicht gedachten, durchaus erlebten, die dann aber als unabhängig nach außen gestellt werden, auflösen, andere nicht. Die heftigen Diskussionen, was nun äußere Welt und innere psychische Phänomene sind, wird weitergehen; dankbar sind wir, wenn die Lehrer selbst ihre oder ihrer Schüler Projektionen auflösen und am Ende – wie im Zen – die Flüsse wieder Flüsse und die Berge wieder Berge sind – wenn auch ganz anders, d. h., wenn die inneren Abläufe so durchgearbeitet sind, dass keine subjektive Einfärbung mehr nötig ist. Was das Herauswaschen der subjektiven Einfärbungen allerdings bedeutet, kann nur auf dem Weg erfahren werden.

Als Höhepunkt und systematische Ausformulierung der Außen-Innen-Verwechslung kann die Entwicklungsstufe der Hochreligionen gelten. Außen gesehene Bilder (z. B. der brennende Dornenbusch bei

Moses) oder das Hören von Stimmen (die Stimme Gottes verkündete auf dem Sinai Gebote) werden als reales Außen mit einem psychischen Phänomen verwechselt. Die Religionsgründer konnten durchgängig ihre jeweiligen Götter „sehen und hören". Natürlich „sahen" sie immer nur den Gott ihrer jeweiligen Tradition, nie den einer anderen; wie sollten sie auch, er kam ja in ihrem Bewusstsein nicht vor. Dies gilt für die Hochreligionen des Westens (Judentum, Christentum, Islam) genau so wie für die an Götter glaubenden Religionen des Ostens, z. B. den Hinduismus. Wir hatten oben gesagt, dass es besser ist, die Außen-Innen-Verwechslung wird durch die jeweilige Richtung selbst aufgelöst; im Osten z. B. durch Taoismus und Buddhismus; im Westen ließe sich hier Meister Eckhart einordnen („dass Gott Gott ist, des bin ich Ursache"). Noch geschieht die Verwechslung in großem Stil, de facto überwunden in der Evolution der Weltbetrachtungen – wir hatten dies bei der Nachzeichnung der Entwicklungsmodelle z. B. bei Gebser oder Wilber ausgeführt: die archaische Weltbetrachtung durch die magische, die magische durch die mythische, die mythische durch die mentale – und dann die Frage: what's the next; is there something in addition?

Dürfen wir hier noch einmal auf die Theoretiker der Bewusstseinsentwicklung – wie Gebser und Wilber – zurückkommen? Beide zeichnen von archaisch über magisch, mythisch bis mental – zeigen aber Schwierigkeiten bei der Einordnung der Hochreligionen. So geht Gebser (in Ursprung und Gegenwart – Gebser '73) direkt von der mythischen Struktur zur mentalen (rationalen) Struktur über. Wo sollen dabei die Hochreligionen ihren Platz finden? Sollen sie mit zum mythischen Zeitalter gerechnet werden? Also etwa Allah im Islam, die Dreifaltigkeit Gottes im Christentum, Jahwe im Judentum mit den griechisch-römischen oder germanischen Götter in einem Evolutionsschritt? Dies würde der Sache nicht gerecht. Wenn aber nicht Zuordnung zur mythischen Entwicklungsstufe, dann zur nächsten, also mentalen, rationalen Stufe. Auch dies wird nicht gehen. Das Konzept eines Gottes, der die Lebewesen und Menschen geschaffen hat, soll ja aus der Sicht der Hochreligion nicht etwa gleichnishaft, metaphorisch oder als Chiffre (Jaspers) verstanden werden, sondern als konkrete Realität; dies wird schwierig der mental-rationalen Entwicklungsstufe zuzuordnen sein; nicht zu sprechen von christlichen Vorstellungen wie der Auferstehung des Fleisches bis zur leiblichen Aufnahme Marias in den Himmel.

Auch in den Äußerungen Wilbers zu den Hochreligionen (z. B. in „Halbzeit der Evolution", Wilber '87; S. 282 f.) wird nicht klar, ob er deren Meinung über einen unabhängig von Menschen existierenden Gott selbst vertritt oder nur die Ansicht der Religionen zitiert; z. B., wenn er in seinen Ausführungen zu Moses schreibt: „Es existiert ein höherer Gott, der Feuer und Licht ist, mit dem man durch Offenbarung und prophetische Ekstase in Kontakt treten kann, durch den dem persönlichen Schicksal ein Sinn verliehen wird – ein von der Schöpfung getrennter Schöpfer, ein von der Welt und von der Seele getrennter Gott." Schon etwas nach innen genommen, als psychisches Phänomen, bei der Interpretation der Anfänge des Christentums und seiner Betonung der gnostischen Anteile: „Dich selbst erkennen heißt Gott erkennen. Erfahre, wer Du im Innersten bist"; und: „Die normale christliche Vorstellung von Gott dem Schöpfer war nicht falsch, erfasste aber nur einen Teil" (S. 284). Klarer wäre zu sagen, sie ist falsch, verwechselt Außen und Innen, repräsentiert den damaligen Entwicklungsstand menschlicher Erkenntnis. Aber dürfen wir so deutlich werden? Eher nein, denn angesichts etwa einer Milliarde Menschen, die sich dem Schutz eines unabhängig von ihnen existierenden Gottes anvertrauen, beliebig, ob sie ihn Jahwe, Allah, Krishna oder Christus nennen, dürfen wir dies natürlich nicht. Sie würden ja glauben, wir wollen etwas wegnehmen, ohne etwas Besseres anbieten zu können. Zwar versuchen ein solches Angebot ganze Richtungen, für Asien hatten wir auf Taoismus und Buddhismus hingewiesen, für Europa auf Meister Eckhart, für die Neuzeit z. B. auf Ramana und Krishnamurti ('91 a; '91 b); aber dies ist offenbar für viele erlebnismäßig nicht überzeugend. Nur Erleben aber überzeugt – Denken nutzt überhaupt nichts. Ausdrücklich möchten wir bei der Auflösung der Innen-Außen-Verwechslung darauf hinweisen, dass wir nur Beispiele der Auflösung von innen, aus den Hochreligionen selbst, beibringen und von jeder Argumentation von außen, etwa der Psychoanalyse, der Medizin, den Naturwissenschaften oder gar des rationalen Denkens absehen. Für diejenigen, die diesen Ansätzen zugänglich sind, bedarf es keiner weiteren Argumente. Auf die anderen müssen wir wohl warten. Der Wunsch und die Sehnsucht, Halt zu finden in Systemen und Idealen, sind einfach zu groß – und da wir dieses Streben für legitim halten, wollen wir es auch respektieren.

Insgesamt wird uns aus der Sicht der Evolutionsstufen gar nichts anderes übrig bleiben, als nach der mythischen Stufe die religiöse einzufügen und dann erst die mentale – rationale Entwicklungsstufe anzusetzen.

Wir kommen auf die Außen-Innen-Verwechslung zurück.

Neben dieser Verwechslung in der einen Richtung, der Nach-Außen-Stellung psychischen Erlebens, finden wir die entsprechende Gegenrichtung der Nach-Innen-Stellung der realen Außenwelt: „Sonne und Mond gehen in mir auf und unter“ war die wiederholte Aussage Bhagvan Rasnesh's, der sich in seinen letzten Lebensjahren Osho nannte. Die äußere Welt wird innen oder als von innen verursacht erlebt. Yogananda beschreibt in der Erfahrung des kosmischen Bewusstseins, wie er den Ursprung des gesamten Universums in seinem Inneren erlebte. Nicht in seinem „Ich“, das Ich-Bewusstsein ist ja in einem solchen veränderten Bewusstseinszustand gerade aufgelöst, aber in einem Innen, dem dann wechselnde Namen gegeben werden. Die Reihe der Beispiele ließe sich fast beliebig fortsetzen; wie in einem veränderten, das „Ich“ aufgelösten Bewusstsein, die Welt als von einem „Innen“ ausgehend erlebt wird. Ramana Marhashi gab als Ursprung dieses „Innen“ die rechte Brustseite an; nicht „seines Körpers“ – mit dem „Ich“ ist ja auch jedes „Mein“ aufgelöst, sondern des als Bewusstseinsphänomen erlebten Körpers. Nicht nur in der Gegenwart begegnen wir dieser Interpretation der von innen – aus dem Bewusstsein, oft körperzentriert beschrieben – hervorgehenden Welt. Schon beim historischen Gautama Buddha finden sich Sätze wie: „In diesem Körper lasse ich die Welt entstehen und vergehen“. Wenn Meister Eckhart sagt: „Dass Gott Gott ist, des bin ich Ursache“, hätte er hinzufügen können: Und da Gott die Ursache von allem, auch der Welt, ist – bin ich die Ursache der Welt. Die Formulierungen „bin ich Ursache“, „aus diesem Körper“ sind so missverständlich, da das „Ich-Bewusstsein“ ja gerade aufgelöst ist. Wir möchten es allgemeiner formulieren: Die Welt, auch der materielle Kosmos, wird als von einem Innen hervorgegangen erlebt: „Sonne und Mond gehen in mir auf und unter“, so erleben es diese Frauen und Männer.

Theoretisch oder philosophisch kann gegenüber einem solchen Erleben nicht argumentiert werden; es ist eine Grunderfahrung. Ob wir diese Erfahrung als von einem veränderten Bewusstsein ausgehend betrachten wollen oder als bewusstseinsunabhängiges Phänomen, ist eine Grundposition – ähnlich der Frage, ob Kausalität ein empirisch beobachtbares Phänomen oder eine Verstandeskategorie (Kant) ist. Ob bei der Wirkung eines Körpers auf einen anderen von einem „Weil“ gesprochen oder nur von einem „Danach“ – die eine Kugel bewegt sich fort, nachdem die andere sie angestoßen hat, oder „weil“ – wird sich mit philosophischen Theorien nicht klären lassen (hier hat Kant Recht), sondern mit physikalischen Gesetzen (Massengesetze, Gravitation, Relativität), ähnlich der Frage, ob die Welt innen oder außen, von einem Subjekt abhängig oder unabhängig besteht, nicht von philosophischen oder religiösen Theorien zu klären ist, sondern z. B. der Bewusstseins- und Hirnforschung. Durch welche Ereignisse (Nah-Todes-Erlebnisse, Substanzen, Isolation, Übungen usw.) wird ein Gehirn wie verändert, so dass ein Bewusstsein entsteht, welches die Welt als innen erlebt? Auch hier ist es hilfreicher – vergleichbar der oben beschriebenen Nach-Außen-Stellung psychischer Phänomene, wenn die Auflösung der Nach-Innen-Stellung äußerer Phänomene von den Meditationslehrern selbst geleistet wird und wir nicht auf Physik oder Hirnforschung zurückgreifen müssen. „At the end the ‚Ego' swallows the whole world" – am Ende schluckt das Ich die ganze Welt, auch wenn das „Ego" nicht als individuell oder gar „mein" gedacht wird – hat sich Ponjaji aus der Schule Ramanas oft sehr amüsiert; ausrotten konnte er diesen Standpunkt nicht – er wird ja erlebt.

Können wir psychisches Erleben als psychisches Erleben belassen oder müssen wir es mit der äußeren Realität verwechseln? Viele müssen offenbar. Hier halten wir fest, dass sich neben der Nach-Außen-Stellung psychischen Erlebens (die Götter werden gesehen und gehört) die Nach-Innen-Stellung der äußeren Welt findet (Ich bin die Ursache von …; in mir gehen auf und unter …) – wir nennen es die doppelte Verwechslung, der wir nicht folgen müssen, sondern psychische Phänomene als psychisch und die Welt als Welt belassen können.

10.3 Die doppelte Weg-Ziel-Verwechslung

Die meditativen Wege neigen dazu, auseinander liegende Bereiche zusammenzuziehen und zu vereinheitlichen. Diese Vereinheitlichung kann geradezu als das Ziel dieser Wege aufgefasst werden – in der Darstellung der Übungspraxis von Yoga und Zen (Kap. 7) haben wir die Übungsstufe der „Einheit" ausgeführt.

Im vorangegangenen Abschnitt wurde die theoretische Vereinheitlichung besprochen, die dann zu einem entsprechenden Erleben führt: Die Nach-Außen-Stellung subjektiver Inhalte und die Nach-Innen-Stellung objektiver Inhalte, theoretisch formuliert in der Gesamtsubjektivierung: Tat vam asi – das bin ich (z. B. im Yoga-Ansatz) bzw. der Gesamtobjektivierung (das bin ich nicht, das ist nicht mein Selbst – z. B. in dem buddhistischen anatman-Ansatz bzw. im Zen).

Diese theoretische und erlebnismäßige Vereinheitlichung findet sich auch im praktischen Übungsansatz wieder: „Der Weg ist das Ziel." Obwohl einzelne Wegstufen definiert sind, ebenso das Ziel – im Yoga: sat, sit, ananda, im Zen und den anderen buddhistischen Ansätzen eher als Abwesenheit aller Phänomene –, werden übungspraktisch beide Bereiche zusammengezogen: „Der Weg ist das Ziel" lässt beide Pole zusammenfallen. Nicht einzelne Wegetappen werden geübt, z. B. Körper- und Atemübungen, immer ausgerichtet auf ein Ziel, im Yoga samadhi – dies wurde in früheren Kapiteln ausgeführt –, sondern die Wegetappen werden selbst als Ziel erklärt. Wir möchten auch dies eine Verwechslung nennen – Verwechslung in der einen Richtung; Weg und Ziel werden dahingehend verwechselt, dass der Weg als Ziel erklärt wird. Wie oft bei schwierigen Problemen, hier der Diskrepanz von Weg und Ziel mit den damit verbundenen Spannungen, wird die Lösung nicht nur in einer Richtung gesucht, sondern auch in der entsprechenden Gegenrichtung: „Das Ziel ist der Weg." Der wiederholt erwähnte Punjaji, Schüler Ramana Mararishis, wurde nicht müde, allen, die ihn besuchten, beliebig, auf welchem Entwicklungsstand oder in welchen Problemfeldern sich der je Einzelne befand, zu sagen: „Du bist schon frei"; „Nicht meditieren, keine Übungen, das alles behindert dich nur"; „Du bist schon frei." „Du brauchst dich nur zu fragen, wer du bist, dann erkennst du, dass die große Befreiung, mukti, schon da ist." Das Ziel, die Befreiung von allen Begrenzungen, insbesondere vom individuellen „Ich", und dadurch die Gesamteinheit, ist der Weg. Alles wird vom Ziel her expliziert; keine Wegetappen, keine Übungen, keine Meditation; das Ziel ist der Weg. Ganz ähnlich Krishnamurti (Lit. zu beiden s. Lit. Verz.), der ebenfalls alle Übungen und Meditationen ablehnte. Von den traditionellen Wegen kommt am ehesten der Soto-Zen in die Nähe dieser Position. „Alles ist gut so, wie es ist" (zu Dogen s. Lit. Verz.). Keine Atemübungen, kein Koan (wie im Rinzai-Zen – die Zen Wege wurden in Kap. 7 kurz skizziert), schon gar keine Körperübungen; keine Wegetappen; nur Sitzen, nichts soll verändert oder geübt oder in Wegetappen erreicht werden. Auch hier wird alles vom Ziel, sub specie aeternitatis, her gesehen. „Das Ziel ist der Weg."

Beide Ansätze – der Weg ist das Ziel und das Ziel ist der Weg – reduzieren einen Pol und können nicht den Weg als Weg und das Ziel als Ziel belassen.

Welche Auswirkungen diese Reduktionen oder Verwechslungen für die Praxis haben, kann nur über empirische Vergleichsstudien gezeigt werden, diese liegen bisher nicht vor. Beobachtungen dagegen schon, z. B. in der nüchternen Feststellung des Zen-Meisters Lassalle: „In den Soto-Kursen kommt halt satori sehr viel seltener vor." Er kannte beide Zen-Ansätze und hat seine Beobachtung formuliert. Solche Beobachtungen als Hypothese zu fassen, die dann systematisch zu prüfen ist, wäre der Liste der zu prüfenden Bereiche hinzuzufügen, die im Kap 8. zur Meditationsforschung zusammengetragen wurde.

10.4 Kriteriensuche für die Stufeneinordnung

a) Selbstevidenz und Konsens

Wir haben auf die Verwechslungen hingewiesen: Prae-Post-, Außen-Innen-Verwechslungen. Was sind nun die Kriterien dafür, dass wir das eine Verwechslung nennen, das andere aber richtig? Was ist richtig, was ist wahr? Ist es nicht enorm vermessen, das eine als eine Verwechslung, das andere als richtig eingeordnete Stufen zu bezeichnen?

Wir beginnen mit der Prae-Post-Verwechslung, denn für deren Formulierung sind wir nicht verantwortlich und daher bezüglich der Vermessenheit schon etwas entlastet. Formuliert Wilber ein Kriterium für das, was er prae und post (bzw. trans) nennt und wann und warum er beide für verwechselt hält? Soweit uns bekannt, formuliert er ein solches Kriterium nicht. Warum nennen wir ein magisches Weltbild *prae* – und glauben, dass mythische Weltbetrachtung und später mentales Weltverständnis bezüglich des magischen Weltbildes *post* sind, eine erneute mythische Betrachtung dagegen ein Rückfall? Die gleiche Frage bezüglich der individuellen menschlichen Entwicklungsstufen ist einfacher. So recht können wir nicht glauben, dass kindliches Verhalten das Ziel sei, und würden eine solche Zielsetzung als Prae-Post-Verwechslung akzeptieren. Warum? Es erscheint uns selbstevident und es besteht breiter Konsens in der Beobachtung. Unter breitem Konsens möchten wir nicht nur die Entwicklung der menschlichen Art, sondern auch die vieler anderer Arten verstehen. Überall läuft die Entwicklung von kindlichem zu erwachsenem Verhalten, nicht umgekehrt. Wir formulieren also als erstes Kriterium: Selbstevidenz und Konsens.

b) Evolutionsimmanenz

Ein zweites Kriterium deutet sich an. Wir hatten eben davon gesprochen: Die Entwicklung läuft. Wir könnten auch sagen, sie ist überall in der Evolution beobachtbar. Diese Beobachtungen stehen ebenfalls wieder im breiten Konsens. Noch deutlicher erscheinen die immanenten biologischen Entwicklungsstufen, die Phylogenese – Entwicklung der Arten – wird millionen- und milliardenfach in der Ontogenese – Entwicklung des Individuums – wiederholt. Die Entwicklung ist der Evolution immanent.

c) Potentialausschöpfung

Wo Potential nicht ausgeschöpft wird, droht die Prae-Post-Verwechslung. Warum entsteht neues Potential? Wir haben in den Stufen der Evolution Schwankungen, Segretion, Selektion, Mutation beobachtet. Warum setzen sich Mutanten mit einem höheren Potential durch? Warum haben sich Photosynthese, Atmung und Sexualität durchgesetzt? Müssen wir wieder auf Evolutionsimmanenz zurückgreifen oder kommen Zeitpfeil und causa finalis der Wilber'schen Grundaussagen zur Evolution ins Spiel? So weit möchten wir nicht gehen; wir hatten dargelegt, warum der Zeit-Pfeil (überhaupt das Raum-Zeit-Modell) sich nicht halten lässt und eine causa finalis nicht in Sicht ist. Auf allen Ebenen beobachtbar aber ist, wenn ein Potential einmal vorhanden ist, durch Schwankungen oder warum auch immer, wird es genutzt. Atmung, einmal vorhanden, wird genutzt; Materialaustausch (Sexualität), einmal vorhanden, wird genutzt; ein Berg, besteigbar, wird genutzt; eine Symphonie, komponierbar, wird genutzt. Auf allen Ebenen wird ein einmal vorhandenes Potential genutzt. Wir halten dies für ein derart zentrales Prinzip, welches wir nicht begründen, sondern nur beobachten können, dass wir den Menschen als animal potentiale bezeichnet haben mit der Doppelbedeutung: Er hat Potential und kann es nutzen. Nicht alle nutzen ihr Potential; nicht alle zeugen Kinder oder steigen auf Berge, aber einige. Die Evolution läuft in Richtung der Nutzung des Potentials; die Arten, die Individuen, die ihr Potential nutzen, werden sich als Mutanten selegieren und durchsetzen; wer wieder zurückfällt, verwechselt die Evolutionsstufen und scheidet aus dem Entwicklungsprozess aus.

d) Attraktoren bringen die Evolution voran und entscheiden über die Prae-Post-Verwechslung

Wie sich Attraktoren bilden und diffuse Zustände durch sie geordnet werden, sollen die Chaos-Theorien darlegen. Wir haben im Kap. 5.1 mögliche Attraktoren für die Evolution des menschlichen Bewusstseins formuliert. Sie müssen in sich – wie in der biologischen Evolution die Nutzung des Lichtes, des Sauerstoffes und des Materialaustausches – so attraktiv sein, dass ihre dauerhafte Nutzung in der Evolution Bestand hat.

e) Es kommt etwas dazu – something in addition

Für die Evolution des Lebens hatten wir gerade auf wesentliche Schritte der Nutzung neuer Phänomene wie der Atmung hingewiesen. In der Entwicklung der Arten gewann die menschliche Art deutliche Vorteile, indem Neues genutzt wurde, z. B. die Erzeugung und Beherrschung des Feuers; keiner der unendlich vielen Arten ist dies gelungen; es kam etwas dazu; oder – die menschliche Art entwickelte die Fähigkeit, sich etwas vorzustellen und diese inneren Bilder dann außen darzustellen. Bei keiner der anderen Arten können wir diese Fähigkeit in diesem Ausmaß beobachten. Es kam etwas dazu.

Die Evolution des Bewusstseins wird nur voranschreiten und nicht in der Verwechslung auf frühere Stufen zurückfallen, wenn wir zeigen und realisieren können, dass etwas dazukommt. „Something in addition" kann als ein Kriterium für die Evolution des Lebens und des Bewusstseins gelten – etwas freier übersetzt umschreibt es das Wesen der Evolution.

11. Die Übung und Randbedingungen – Praxis der Bewusstseinsentwicklung

11.1 Die Übung

Eine meditative Übung sollte einfach und wiederholbar sein. Die großen Traditionen bieten solche Übungen an. Für manche Menschen besteht jedoch die Schwierigkeit, dass sie sich mit den traditionellen Konzepten, z. B. einem religiösen Glauben, nicht anfreunden können; für andere sind die sozialen Strukturen, in denen die Übungen angeboten werden, schwer akzeptabel. Für diejenigen, denen die theoretischen oder sozialen Gebäude eher ein Hindernis als einen haltgebenden Rahmen darstellen, möchten wir hier einen Vorschlag machen.

Neben der Übung selbst sind die inneren und äußeren Randbedingungen von großer, oft entscheidender Bedeutung; diese fassen wir im folgenden Abschnitt zusammen.

a) Hinsetzen, langsam und tief ausatmen, dabei zählen, etwa bis sieben, solange die Ausatmung geht. Aufmerksamkeit auf den Unterleib gerichtet, Luft am Ende der Ausatmung fest mit der Unterleibsmuskulatur herausdrücken. Loslassen, Luft frei einströmen lassen, dabei steigt die Aufmerksamkeit von unten nach oben auf, so, wie wenn die Luft eine Flüssigkeit wäre und wir dem aufsteigenden Flüssigkeitsspiegel der einströmenden Luft folgen; d. h., bei der Einatmung läuft die Aufmerksamkeit gegen die Richtung der einströmenden Luft von unten nach oben.
Etwa 20mal.
Wenn diese Übung gekonnt wird, Sitzen (siehe nachfolgenden Abschnitt) keiner Anstrengung bedarf, d.h. erste erlebbare – nicht gedachte – Reaktionen sich einstellen (s. Abschnitt zu den Attraktoren), kann eine weitere Übung angeschlossen werden.

b) Ruhige, langsame Ausatmung, bis etwa sieben zählen. Diesmal steht die Aufmerksamkeit auf dem Bereich zwischen den Augenbrauen,

durch den hindurch (in der Vorstellung) ausgeatmet wird. Verstärkung der Ausatmung gegen Ende. Loslassen, Luft einströmen lassen, die Aufmerksamkeit geht nach unten – Unterleib bzw. untere Wirbelsäule – und steigt wieder von unten nach oben auf, gegen die Richtung der einströmenden Luft.
Etwa 20mal.

11.2 Randbedingungen der Praxis

a) Körperhaltung:

Sitzen, Körper (Wirbelsäule) gerade aufgerichtet, aber nicht überstreckt. Als Hilfsmittel beim Sitzen werden in jeder Stadt mit einem Laden für Meditationsartikel Sitzbänkchen angeboten.

Im Laufe der Zeit sollte der Schneidersitz geübt werden (ohne zu viel Ehrgeiz und ohne sich davon abhängig zu machen – ein Sitzbänkchen geht auch), bis der sogenannte viertel oder halbe Lotussitz ohne Anspannung eingenommen werden kann: Gesäß 3 bis 4 cm unterstützen (gefaltete Decke oder festes Sitzkissen); ein Unterschenkel ruht (d. h. ohne Anspannung) davor, der andere wird auf die Wade (viertel Lotus) oder Oberschenkel (halber Lotus) gelegt (nicht mit Mühe darauf gequält); Oberkörper nach vorn sinken lassen, so dass das Becken sich lockert, langsam aufrichten und frei sitzen.

b) Innere Haltung:

Neben der entspannten und gelassenen Körperhaltung ist eine innerlich gelassene Haltung wichtig, z. B. von Dürckheim zusammengefasst: Im Körper aufgerichtet, innerlich gelassen.

Die ruhige Haltung trotz versammelter Aufmerksamkeit wird von einem Sufi formuliert: Ich habe es von einer Katze gelernt; sie war viel ruhiger als ich, während sie vor dem Mauseloch wartete; d. h. konzentrierte Aufmerksamkeit bei ruhigem Körper.

c) Dauer:

Wir haben oben 2 x 20 Einzelübungen angegeben; dies sollte je nach Länge der Atemzüge etwa 20 Min. dauern. Wenn das Sitzen leicht geht, fortlaufend Einzelübungen wiederholen, bis auf 40 Min. zweimal täglich. 40 Min. scheint die Zeitspanne zu sein, die der Körper zur Umstellung, d. h. zur erlebnismäßigen Veränderung braucht.

d) Denken:

Denken interessiert nicht; d.h., wir haben nichts dafür und nichts dagegen. Wenn es denkt, also die Gedanken abschweifen, gehen wir ruhig mit der Aufmerksamkeit zurück zur Übung.

e) Gewicht:

Übergewicht ist für Körperhaltung und Sitzen nicht hilfreich. Schrittweise auf Körpergröße minus 100; minus 10 % (Männer); minus 15 % (Frauen) einstellen.

f) Essen:

Leichte Kost; möglichst keine Ideologie daraus machen. Nicht vor den Übungen essen (Übung z. B. früh vor dem Frühstück; abends vor dem Abendessen).

g) Fasten:

Sehr gute Zusatzübung. Einen oder mehrere Tage; reichlich trinken, reichlich Bewegung (z. B. Wandern); nicht hinlegen außer den sonst üblichen Zeiten des Schlafens. Wenig Problemsituationen, also z. B. im Urlaub.

h) Bewegung und Sport:

Wichtig als Körperausgleich; irgendeine Art Sport sollte unbedingt regelmäßig gemacht werden, auch hier kann der Umgang mit dem Körper gelernt werden, aber eher aus der Bewegung heraus.

i) Freunde:

Sehr hilfreich, besonders in Zeiten, in denen die Übung mühsam wird.

j) Lehrer:

Hilfreich, wenn es passt. Endlose Suche ist Zeitverschwendung.

k) Voraussetzungen:

Lieben und arbeiten; d. h. arbeits- u. beziehungsfähig. Niemals sollte Meditation einen Ersatz oder Alibi fürs Leben darstellen. Wer Probleme oder Beschwerden hat, sollte diese von einer dafür ausgebildeten Person behandeln lassen. Meditation löst keine Probleme, sondern verstärkt sie. Erst muss ein Kleid gewaschen werden, dann kann es gefärbt werden (waschen für Problem lösen; färben für Meditation). Meditation verstärkt im Positiven wie im Negativen. Die Problemfälle führt Meditation in „spiritual emergency“ (s. Kap. 9), die strukturell und psychosozial Gefestigten werden zu den Attraktoren geführt. Wir schließen mit zwei romantischen Bildern aus Indien (stark verkürzt dargestellt): Der Hase (das schwache Ich) springt in einen See (Meditation) und ertrinkt elend; der Elefant (das starke und gefestigte Ich) geht in den See und kann ein Bad nehmen; und: das kleine Feuer wird vom Wind ausgeblasen; das große Feuer wird vom Wind angeblasen.

12. Die Entwicklung des Bewusstseins bis zur ganzheitlich-integrativen Ebene

Ein Schlusskapitel muss sich einerseits auf den Anfang zurückbeziehen und zum anderen den bisher dargestellten Prozess kritisch reflektieren. Wir hatten den Evolutionsprozess in seinen Stufen bis zur Evolution des Bewusstseins durchformuliert; die religiöse Entwicklungsstufe mit dem Charakteristikum der Außen-Innen-Verwechslung als Weiterentwicklung der mythischen Weltbetrachtung eingeordnet, gefolgt von der rationalen Entwicklung, in unserem Kulturkreis mit Sokrates, Plato und Aristoteles einsetzend, in der Aufklärung und der Entwicklung der Naturwissenschaften (Kopernikus, Newton) vorangetrieben; derzeit ausgeprägt und in den Wissenschaften dominant, aber mit einem zunehmenden Unbehagen. Das Unbehagen in der Rationalität birgt einerseits die Gefahr der Prae-Post-Verwechslung, sich wieder früheren Entwicklungsstufen zuzuwenden, andererseits die Möglichkeit einer progressiven Weiterentwicklung, die wir ganzheitlich – integrativ nennen wollen. Material für diese, das bisher Entwickelte einschließend und etwas Neues hinzufügend, liefern die Theoretiker und Praktiker der Bewusstseinsentwicklung.

Wir möchten diese Abhandlung schließen im Zusammentragen der zentralen Bestimmungsstücke der neuen Entwicklungsstufe.

a) Absicherung des bisher Erreichten

1' Realitätsbezogenes rationales Denken

Wissenschaften, sowohl Human- wie Naturwissenschaften, konkretisiert in Forschung, Instituten, Universitäten, Fachzeitschriften, Wissenschaftspreisen – wachen darüber, dass nicht entwicklungsmäßig überwundene Stufen wieder als Leitbilder ausgegeben werden.

2' Wirtschaftliche Sanierung

Die ökonomisch-finanzielle Zufriedenheit des je Einzelnen, von Gruppen und Gesellschaften bildet eine entscheidende, wenn nicht die entscheidende Bedingung, sich nicht in „Anstatt“-Welten zu flüchten.

Der Nährboden für Verwechslungen jeder Art, für alle „opiumgestützten“ Phantasiewelten, was immer das Opium auch sein mag; dieser Nährboden wird ausgetrocknet durch ökonomisch-finanzielle Sanierung.

3' Ökologische Sanierung

Sobald wir in einer Umwelt leben, die wir lieben können, können wir auch gern und gut leben, die Voraussetzung für jede Weiterentwicklung.

4' Personale und soziale Sanierung

Personale und soziale Anerkennung schützt sowohl vor narzisstischer Überblähung wie regressivem Zurückfallen. Funktionierende Beziehungen sind neben der ökonomischen Sicherheit zentraler Bestandteil einer zufriedenen Existenz.

b) Weiterentwicklung

Nach der Sicherung der genannten Bereiche – und nicht davor oder ohne sie – darf etwas dazukommen. Evolution will sich weiterentwickeln; das ist eine Tautologie, d. h., sie beschreibt die Sache selbst, ist immanent und selbstevident. Die Hitze beschreibt das Feuer, sie muss nicht begründet werden. Für eine Weiterentwicklung von Rationalität, Ökonomie, Ökologie, personaler und sozialer Sättigung haben wir Attraktoren der Evolution beschrieben. Das sollte genügen.

13. Literaturverzeichnis

Alexander, Ch. N., Langer, E. J., Newman, R. J. Chandler, M. M. a. Davies, J. L. (1989): Transcendental Meditation, Mindfulness and Longevity: An Experimental Study with the Elderly. J. Personality a. Social Psychology. 57,6: 950–964.

Alexander, Ch. N.; Rainforth, M. V. a. Gelderloos, P. (1991): Transcendental Meditation, Self Actualization and Psychological Health: A conceptual Overview and Statistical Meta-Analysis. J. of Social Behavior a. Personality. 6, 5: 189–247.

Allison, R. (1989): Minds in many pieces. Rawson and Wade, New York.

Altner, N. (2002): Mindfulness Practice and Smoking Cessation. Journal for Meditation and Meditation Research. 2: 9–18.

Augenstein, S. (2004): Yoga und Konzentration. Prolog Verlag, Immenhausen.

Aurobindo, S. (1957): Der integrale Yoga. Rowohlt, Hamburg.

– *(1972):* Die Synthese des Yoga (Synthesis of Yoga) (Ed. Kappes, H.): Belnhausen.

– *(1974):* Das göttliche Leben (The live divine) (Ed. Kappes.H): Belnhausen.

Benson, H. et al. (1990): Three Case Reports of the Metabolic and Electroencephalographic Changes During Advanced Buddhist Meditation Techniques. Behavioral Medicine. I: 90–95.

Brehmer, Ch. (1992): Die Evolution des Bewusstseins. Lang, Frankfurt a. M.

Börger, R. (1993): Auroville; Eine Vision blüht. Connection, Niedertaufkirchen.

Buchheld, N. (2000): Achtsamkeit in Vipassana-Meditation und Psychotherapie, Lang, Frankfurt a. M.

– *(2001):* Measuring Mindfussness in Insight Meditation (Vipassana) and Meditations-Based-Psychotherapy. Journal for Meditation and Meditations Research. 1: 11–34.

Buchner, H. (1957): Der Ochse und sein Hirte. Neske, München.

Darwin, Ch. (1871): The Descent of Man, and Selection in Relation to Sex.

Delmonte, M. M. (1988): Personality Correlates of Meditations Practice. Frequency and Dropout in an Outpatient Populations. J. Behavioral Medicine. 11,6: 593–597.

Dittfurth, H. v. (1973): Kinder des Weltalls. Hamburg.

Dogen (2002): Shobogenzo. Angkor, Frankfurt a. M.

Dubs, G. (1987): Psycho-spiritual development in Zen Buddhism – a study of resistance in meditations. J. of Transpersonal Psychology. 19, 1: 19–86.

Dusen, van, W. (1972): The natural depth in man. Harper and Row, New York.

Eigen, M. (1971): Selforganization of Matter and the Evolution of Biological Macromolecules. Die Naturwissenschaften. 58,10: 465–528.

Engel, K. (1997): Meditation. (engl. Ed. Vol. I) Lang, Frankfurt a. M.

– *(1999):* Meditation: (2. Aufl.) Geschichte, Systematik, Theorie, Forschung. Lang, Frankfurt a.M.

– *(2001):* Meditative Experience and Different Paths. Journal for Meditation and Meditation Research. 1: 39–54.
– *(2002):* Yoga Inventory and Zen Development Questionaire. Journal for Meditation and Meditation Research. 2: 93–100.

Eliade, M. (1964): Shamanism: The archaic techniques of ecstasy. Pantheon, New York.

Gebser, J. (1949): Ursprung und Gegenwart. Deutsche Verlagsanstalt, Stuttgart.
– *(1956):* Abendländische Wandlungen. Ullstein, Frankfurt a. M.

Goldstein, N. (2002): Körperorientierte Übungen des klassischen Hatha-Yoga als Interventionsmaßnahme bei Grundschulkindern mit expansiven Störungen (Dis, Univ. Heidelberg).

Gopi-Krishna (1986): Kundalini, Erweckung der geistigen Kraft im Menschen. Barth, Weilheim.

Greyson, B. (1993 a): The physio-kundalini syndrom an mental illness. J. Transpersonal Psychology. 25,1: 43–58.
– *(1993 b):* Near-Death Experiences and the Physio-Kundalini Syndrom. J. Religion a. Health. 32,4: 277–90.

Grof. S., a. Grof, C. (1990): The stormy search for the self. Jeremy P. Tarcher, Los Angeles.

Hakuin (1997): Authentisches Zen. Fischer, Frankfurt a. M.

Harner, M. (1980): The way of the shaman. Harper and Row, New York.

Harte, J. L., Eifert, G. H. a. Smith, R. (1995): The effects of running and meditation on beta-endorphin, corticotropin-releasing hormone and cortisol in plasma, and on mood. Biological Psychology. 40: 251–265.

Hastings, A. (1983): A counseling approach to parapsychological experience. Journal of Transpersonal Psychology. 15,2: 143–167.

Iyengar, B. K. S. (1991): Der Baum des Yoga. Barth, Weilheim.
– *(1996):* Light on Yoga. Harper Collins, New Delhi.

Jung, C. G. (1975): Erinnerungen, Träume, Gedanken. Walter, Freiburg.

Kabat-Zinn, J., Massion, A.O., Kristeller, J. et al. (1992): Effectiveness of al meditation-based stress reduction program in the treatment of anxiety disorders. Am. J. Psychiatry. 149,7: 936–43.

Kason, Y. (1994): A Farther shore. Harper Collins, New York.

Kanitscheider, B. (2002): Kosmologie. Reclam, Stuttgart.

Kilmo, J. (1972): Channeling: Investigations on receiving information from paranormal sources. Jeremy P. Tarcher, Los Angeles.

Klostermann, M. (1976): Auroville, Stadt der Zukunftsmenschen. Fischer, Frankfurt a. M.

Kopp, J. (1994): Schneeflocken fallen in die Sonne; Christuserfahrungen auf dem Zen-Weg. Plöger, Anweiler.

Krippner, S. (1977): The song of the siren: A parapsychological odyssey. Harper and Row, New York.

Krishna, G. (1970): Kundalini: The evolutionary energy in man. Shambhala, Berkeley.

Krishnamurti, J. (1991): Einbruch in die Freiheit. Ullstein, Frankfurt a. M.

Kuhn, H. (1973): Entstehung des Lebens: Bildung von Molekülgesellschaften. Forschung. 74: 78–104.

Kuhn, H. a. Waser, J. (1982): Selforganization of Matter and Early Evolution of Live, New York.

Kuhn, T.S. (1978): Die Entstehung des Neuen. Studien zur Struktur der Wissenschaftsgeschichte. Hrsg. Krüger, L., Frankfurt a. M.

– *(1983):* The Rationality of Theory Choice, Journal of Philosophy. 80: 563–570.

Küng, H. u. Kuschel, K. J. (1993): (Hg.): Erklärung zum Weltethos.

Lassalle, H. M. (1990): Der Ochse und sein Hirte. Kösel, München.

– *(1992):* Zen-Weg zur Erleuchtung. Herder, Freiburg.

Lazar, S.W., Bush, G, Gollub, R. L., Fricchione, G. L., Khalsa, G. a. Benson, H. (2000): Funktional brain mapping of the relaxation response and meditation. Neuroreport. 7,11: 1581–1585.

Maslow, A. (1971): The farther reaches of human nature. Viking, New York.

– *(1964):* Religions, values, and peak experiences. Ohio State University Press, Cleveland.

– *(1968):* Toward a psychology of being, Van Nostrand Reinhold, New York.

– *(1973):* Psychologie des Seins. Kindler, München.

– *(1981):* Motivation und Persönlichkeit. Rowohlt, Reinbek.

– *(1985):* Psychologie des Seins. Fischer, Frankfurt a. M.

Meares, A. (1982): Stress, meditation and the regression of cancer. The Practitioner. 226: 1607–1609.

– *(1983):* A form of intensive meditation associated with the regression of cancer. American J. of Clinical Hypnosis. 25,2–3: 114–121.

Moody, R. (1975): Life after Life, Atlanta. Mockingbird.

Muktananda, Swami (1974): Play of consciousness. SYDA Foundation, South Fallsburg, NY.

Nicolson, S. (Ed.) (1987): Shamanism: An expanded view of reality. Theosophical Publishing House Wheaton, IL.

Nyanaponika (1950): Geistestraining durch Achtsamkeit. Christiani, Konstanz.

Osho (2000): Autobiography of a Spiritually Incorrect Mystic. St. Martins Press, New York.

Ott, U. (2000): Merkmale der 40 Hertz Aktivität im EEG während der Ruhe, Kopfrechnen und Meditation (Schriften zur Meditation und Meditationsforschung. Band 3). Lang, Frankfurt a. M.

– *(2001):* The EEG and the Depth of Meditation. Journal for Meditation and Meditation Research. 1: 55–65.

Pahnke, W. N. a. Richards, W. A. (1966): Implications of LSP and experimental mysticism. J. Rel. Health 5: 175–208.

Park, R. D., Prevatt, J. a. Jahrsetz, I. (1993): Spirituell Emergence Syndromes: Energies of Transformation. Unpubl. paper.

Perry, J. (1953): The self in psychotic process. Universiy of California Press, Berkeley.

– *(1974):* The far of madness. Prentice-Hall, Englewood Cliffs, N.J.

– *(1976):* Roots of renewal in myth and madness. Jossey-Bass, San Francisco.

Piaget, J. (1974): Ausgewählte Werke von Jean Piaget in 10 Bänden. Klett-Cotta, Stuttgart.

Poonja, H. W. L. (1993): Wach auf, du bist frei. Kamphausen, Bielefeld.

– *(2002):* Sei still. Kamphausen, Bielefeld.

Rhyner, B. (1997): Zen-Krankheit. In: Scharfetter, Ch.: Der spirituelle Weg und seine Gefahren. 4. Aufl. Enke, Stuttgart.

Ring, K. (1984): Heading Toward Omega.:William Morrow, New York.

Rivers, S. a. Spanos, N.P. (1981): Personal variables predicting voluntary prakticipation in and attrition from a meditation program. Psychological Reports. 49: 795–801.

Satprem (1970): Sri Aurobindo ou l' Aventure des la Conscience. Edition Buchet, Chastel, Paris.

Scharfetter, Ch. (1997): Der spirituelle Weg und seine Gefahren. Enke, Stuttgart.

Shah, J. (1994): Vipassana and Business Management. In: Vipassana, its Relevance to the Present World. Vipassana Research Institute, Igatpuri.

Shapiro, S. L.; Walsh, R. a. Britton, W.B. (2003): An Analysis of Recent Meditation Research and Suggestions for Future Directions. J. for Meditation Research. 3: 69–90.

Stace, W. T. (1960): Mysticism and philosophy. Lippincott, Philadelphia.

Stachel, G. (1988): Übung der Kontemplation. Grünewald, Mainz.

Stegmüller, W. (1987): Hauptströmungen der Gegenwarts-Philosophie. Band III: Evolution des Kosmos. Kröner, Stuttgart.

Stevenson, I. (1966): Twenty cases suggestive of reincarnation. University of Virginia Press, Charlottesville, VA.

Störing, H. J. (2003): Kleine Weltgeschichte der Philosophie. Fischer, Frankfurt a. M.

Strieber, W. (1987): Communion. Avon, New York.

Stück, M. (1998): Entspannungstraining mit Yogaelementen in der Schule. Auer, Donauworth.

Stück, M. et al. (2002): Children's Relacation Training Program Using Elements of Yoga and Imagery. Journal for Meditations and Meditation Research. 3: 19–29.

Tart, C. (1977): PSI: Scientific studies of the psychic realm. Dutton, New York.

Teilhard de Chardin, P. (1961): The phenomenon of men. Harper, New York.

– *(1964):* The future of man. Harper, New York.

– *(1997):* Die Entstehung des Menschen. Beck, München.

– *(1999):* Der Mensch im Kosmos. Beck, München.

– *(1999):* Das Teilhard de Chardin Lesebuch (Ausgewählt von Günther Schiwy). Benzinger, Zürich und Düsseldorf.

– *(2000):* Das göttliche Milieu. Benziger, Zürich u. Düsseldorf.

– *(2002):* Das Herz der Materie. Patmos, Düsseldorf.

Thich Nhat Hanh (1989): Mit dem Herzen verstehen. Theseus.

Travis, F.; Arenander, A. a. Du Bois, D. (2004): Psychological and physiological characteristics of a proposed objekt-referral/self-referral continuums of self-awareness. Consciousness and Cognition. 13,2: 401–420.

Unsöld; A. (1981): Evolution kosmischer, biologischer und geistiger Strukturen. Wissenschl. Verlangsgesellschaft, Stuttgart.

Visser, F. (2002): Ken Wilber – Denker aus Passion. Via Nova, Petersberg.

Vivekananda, S. (1983): Raja Yoga. Bauer, Freiburg.

Walach, H. (2003): Generalisierte Quantentheorie. In: Belschner, W., Hoffmann, L. a. Walach, H. (Hsg.): Auf dem Weg zu einer Psychologie des Bewusstseins. BIS, Oldenburg.

Wambach, H. (1978): Reliving past Lives: The evidence under hypnosis. Bantam, New York.

Wehr, G. (1996): Jean Gebser. Via Nova, Petersberg.

Weizsäcker, C. F. und Gopi Krishna (1971): Biologische Basis religiöser Erfahrung. Barth, Weilheim.

Wickland, C. (1974): Thirty years among the dead. Borgs Press, San Bernardino, CA.

Wilber, K. (1984): Halbzeit der Evolution. Scherz, Bern.
– *(1987):* Das Spektrum des Bewusstseins. Scherz, Bern.
– *(1990):* Das Atman-Projekt. Junferman, Paderborn.
– *(1992):* Mut und Gnade. Scherz, Bern.
– *(1995):* Sex, Ecology, Spirituality. Shambhala, Boston a. London.
– *(1996):* Eros, Kosmos, Logos. Krüger, Frankfurt a.M.
– *(1997):* No Boundary. Center Publications.

Wolf, D. (1967): Sri Aurobindo. Rowohlt, Reinbeck.

Wolff, P. (2003): Satsang und Psychotherapie. Dipl. Arbeit, unveröffl., Univ. Hamburg, FB Psychologische Klassifikation.

Woolger, R. (1988): Other Loves, Other Selves. Bantam, New York.

Yogananda, P. (1950): Autobiographie eines Yogi. Barth, Weilheim.

Zundel, E. (1997): Ken Wilber – Vom Tier zu den Göttern. Herder, Freiburg.

Weitere Bücher aus dem Verlag Via Nova:

HOLOS – die Welt der neuen Wissenschaften

Ervin Laszlo

Hardcover, 208 Seiten – ISBN 978-3-928632-94-2

In den Wissenschaften findet eine Revolution statt. Es ist keine technologische Revolution – es ist eine Revolution des Weltbildes. Prof. Laszlo verfolgt diese Entwicklung und macht sie jedem zugänglich, der an den neuesten Erkenntnissen darüber teilhaben möchte, wer und was wir sind, was die Welt ist, die uns umgibt, und auf welche Weise wir in Beziehung zueinander und zu dieser Welt stehen. Der Leser erfährt in einfacher Sprache, was Wissenschaftler bereits wissen und vor welchen Rätseln sie im Hinblick auf den Kosmos, das Quantum, den lebenden Organismus und das menschliche Bewusstsein immer noch stehen. Dann erforscht der Verfasser diese Welt, indem er Fragen stellt, auf die er nun zuversichtliche, wenn auch überraschende Antworten geben kann – Fragen, bei denen es um Ursprünge und Bestimmung des Universums und um Ursprung und Evolution des Lebens und des Bewusstseins geht –, um dann die größten der „großen Fragen“ zu stellen: Fragen der Unsterblichkeit, zum Bewusstsein im Kosmos und zu einem Bewusstsein, das eine wissenschaftlich basierte Schau als den Geist Gottes erfassen kann.

Die Vision vom göttlichen Menschen

Eine spirituelle Weg-Begleitung in das neue Jahrtausend

Barbara Schenkbier

Paperback, 424 Seiten, 21 ganzseitige Bilder – ISBN 978-3-928632-68-3

Prachtband: Geb., 424 Seiten, Einband Kunstleder mit Goldaufdruck, 21 ganzseitige Bilder, Zweifarbendruck – ISBN 978-3-928632-18-8

Das Buch ist ein umfassendes Standardwerk, das den Durchbruch einer neuen Evolutionsstufe im Bewusstsein des Menschen vorbereiten hilft. Aufbauend auf wissenschaftlichen Erkenntnissen und der mystischen Tradition aller Religionen führt es zu einem tieferen Wissen über das menschliche Bewusstsein, um dann den Weg zum göttlichen Menschen zu beleuchten. Alle wichtigen Schritte werden beschrieben, wesentliche Übungen aus einer neuen Sicht heraus dargestellt und die Transformationsstufe zu einem neuen Bewusstsein geschildert. Beim Lesen und Anwenden der beschriebenen Wahrheiten eröffnet sich dem Leser eine neue Sicht auf den Sinn des Lebens. Alle, die den geistigen Weg beschreiten, werden ihn besser verstehen, ihn bewusster, mutiger und konsequenter weitergehen. Das Buch ist aus der eigenen spirituellen Erfahrung der Autorin heraus geschrieben und eröffnet den Blick in eine Zukunft, die die evolutionäre Schöpferkraft selbst schaffen wird.

Wenn es verletzt, ist es keine Liebe

Die Essenz des Bestsellers
Hörbuch mit 3 CDs – gelesen von Werner Vogel

Chuck Spezzano

Hörbuch mit 3 CDs, ISBN 978-3-86616-066-8

Die Weisheit der Liebe, die der Verfasser des Bestsellers in jahrzehntelanger Forschungsarbeit als Psychotherapeut, als weltweit bekannter Seminarleiter, als visionärer Lebenslehrer und als Begründer der „Psychology of Vision“ entdeckt und in klare Weisungen umgesetzt hat, verwandelt den Menschen und berührt sein wahres Wesen, das Liebe ist. Die wichtigsten Aussagen des Buches sind in dem Hörbuch zusammengestellt. Durch die nach jedem Abschnitt angebotenen Übungen kann das theoretisch Erkannte auch in den praktischen Alltag umgesetzt werden, dann wird das Hörbuch zu einem Wegbegleiter und Ratgeber in bedrängenden Beziehungsnöten. Eine begleitende spirituelle Musik führt noch stärker in die Tiefe und verstärkt die Wirkung der Übungen. So werden Sie Schritt für Schritt in die wichtigsten Grundprinzipien der Liebe eingeführt, reifen in Ihrer Selbsterkenntnis und können Ihre Beziehungen in Partnerschaft und Freundschaft neu ordnen, vertiefen und intensivieren.

Die tieferen Dimensionen des Erfolgs

Erfolgs-Serie Band 2

Chuck Spezzano

Hardcover, 280 Seiten – ISBN 978-3-86616-034-7

„Die tieferen Dimensionen des Erfolgs“ ist der zweite Band und ein wichtiger Bestandteil der Reihe „Erfolg kommt von innen“. Das Buch zeigt auf, dass die Erfahrung von Erfolg nicht nur ein äußeres Phänomen ist, sondern vielmehr im Herzen und im Bewusstsein stattfindet. Es untersucht noch eingehender und tiefgreifender, auf welche Weise das Herz und das Bewusstsein sich miteinander verbinden, um Erfolg herbeizuführen. Es enthält weitergehende Erfolgsprinzipien und offenbart weitere Fallen und mögliche Wege zu deren Lösung. Es zeigt den Weg auf, der mit Hilfe innerer Erfolgsprinzipien voranführt, und taucht zu diesem Zweck auch in die unterbewussten und unbewussten Bereiche des Bewusstseins ein, um das aufzulösen, was uns an der Zuversicht hindert, ein immer höheres Maß an Erfolg in allen Bereichen unseres Lebens haben zu können. Es enthält neue Geschichten, Beispiele, Prinzipien und Methoden.

Karten des Lebens

Lebensgeschichten erkennen und heilen

2. Auflage

Chuck Spezzano

100 künstlerisch gestaltete farbige Karten mit Begleitbuch, 224 Seiten
ISBN 978-3-86616-028-6

Die Drehbücher oder Geschichten, die unser Leben bestimmen, schreibt jeder Mensch selbst. Die Karten des Lebens – das neue Karten-Set des bekannten Lebenslehrers Chuck Spezzano – zeigen die Geschichten, die wir in unserem Leben erzählen, ganz gezielt auf. Es können fröhliche und kraftvolle, aber auch dunkle und zerstörerische Geschichten sein. Wir schreiben sie oft in Sekundenbruchteilen, tragen sie und ihre Folgen aber ein Leben lang mit uns. Negative Geschichten aus der Vergangenheit zu heilen und positive, lebensbejahende Geschichten zu stärken ist ein Herzensanliegen von Chuck Spezzano und ein Eckpfeiler seiner Arbeit. 100 wunderschöne, von der deutschen Künstlerin Petra Kühne einfühlsam gestaltete Karten sowie ein Begleitbuch, das die tiefere Bedeutung jeder einzelnen Karte erklärt und Beispiele für verschiedene Befragungsmöglichkeiten enthält, geben dem Leser ein ideales Werkzeug an die Hand, mit dessen Hilfe er seine Lebensmuster erkennen, negative und destruktive Muster heilen und dadurch zu mehr Glück und größerer Fülle im Leben gelangen kann.

Dein Seelenhaus

Ein direkter Weg mit der Seele zu sprechen

Peter Reiter

Hardcover, 200 Seiten, ISBN 978-3-86616-062-0

Spielerisch die eigene Seele erkunden, Vorzüge und Defizite seiner Persönlichkeit in wenigen Minuten erkennen lernen und dabei auch noch Spaß und Entdeckerfreude haben – geht das? Ja, mit der hier vorgestellten und neu entwickelten Methode von Dr. Peter Reiter ist dies einfach.
Nicht nur, dass Sie endlich wissen werden, welche Talente und Fähigkeiten in Ihnen schlummern, Sie erkennen in diesem Bild des Seelenhauses sofort, schnell und sicher ihre Defizite oder Bereiche, die der Zuwendung, Entwicklung und Heilung bedürfen. Sie verändern mit dem Umbau des Seelenhauses auch Ihre Seelenmuster und von da ausgehend auch Ihre äußere Erscheinung und Ihr Verhalten zur Mitwelt. Dies funktioniert bei Ihnen selbst wie auch bei Ihren Freunden, Kindern, Partnern oder Klienten und Patienten – eine kurze Bildmeditation genügt, um das Innere zu erfassen. Es geschieht mühelos, nur über eine entsprechende Visualisation und Absicht, denn die Lebensenergie folgt den Gedanken oder Bildern.

Suche nach dem Sinn des Lebens

Bewußtseinswandel auf dem Weg nach innen

Willigis Jäger

7. Auflage

Paperback, 272 Seiten, Award-Preis in den USA
ISBN 978-3-928632-03-4

Alle wichtigen Themen des spirituellen Lebens werden von dem Zenmeister Pater Willigis Jäger in diesem Buch grundlegend behandelt und in Bezug gesetzt zur christlichen Mystik, aber auch zu den großen Traditionen der esoterischen Wege anderer Religionen, zu den Ergebnissen moderner Naturwissenschaft und zu den Erkenntnissen der transpersonalen Psychologie. Die psychologischen Aspekte des inneren Weges, seine Tiefenstrukturen und Stadien, der Umgang mit den Gefühlen und die Verwandlung des Schattens werden eingehend beschrieben. In diesem Buch geht es um den inneren Weg der christlichen Religion, um einen Bewusstseinswandel in der Gleichgestaltung mit Christus, um eine neue – von innen geprägte – Ethik, die Verantwortung für die Mitwelt übernimmt. Das Buch befreit zu einem sinnerfüllten Leben; motiviert, den inneren Weg zu gehen, provoziert zu einem neuen Denken und Handeln und tröstet in dunklen Stunden.

Der Weg zum Christus-Bewusstsein

Eine Landkarte für spirituelles Wachstum in die Tiefe der Seele

Jim Marion

Hardcover, 296 Seiten – ISBN 978-3-936486-27-8

Gestützt auf das Werk des bekannten Bewusstseinsforschers Ken Wilber und auf das Modell der stufenweisen Bewusstseinsentwicklung, zeichnet der Verfasser unter Berücksichtigung der neuesten Erkenntnisse auf dem Gebiet der Psychologie, aber auch des Neuen Testaments und so bedeutender christlicher Mystiker wie Teresa von Avila und Johannes vom Kreuz eine Karte, die uns Schritt für Schritt zu dem Bewusstsein hinführt, das Jesus als das Reich Gottes bezeichnete – zur höchsten Stufe der spirituellen Entwicklung des Menschen. Das Buch will zeigen, dass Jesu Lehren und auch sein Tod und seine Auferstehung uns den Weg zu diesem inneren Reich weisen sollten, und dass wir, wenn wir Christus in diesem Reich Gottes begegnen wollen, dies tun müssen, solange wir als Menschen hier auf dieser Erde leben. Ken Wilber schreibt in seinem Vorwort: „Das Buch ist eine wahrhaft inspirierende Offenbarung und ein behutsamer Führer in die tiefsten Bereiche unserer eigenen Seele."

Ken Wilber – Denker aus Passion

Eine Zusammenschau

Frank Visser

Hardcover, 312 Seiten – ISBN 978-3-936486-00-1

Im Werk des Philosophen Ken Wilber gehen alle bedeutenden Themen der großen philosophischen und spirituellen Traditionen der Menschheit eine eindrucksvolle Synthese ein. Wilber ist ein passionierter Sucher nach der Wahrheit und einer der letzten großen Systemphilosophen, der Wissenschaft und Religion, Kunst und Kultur, Ost und West miteinander verbindet und in eine umfassende Perspektive der Evolution stellt. Der Autor dieses Buches zeichnet nicht nur das Entstehen und den Werdegang der Bücher von Wilber auf, er stellt nicht nur das Gesamtwerk des großen Bewusstseinsforschers dar, sondern beleuchtet auch die Geschichte hinter seinen Gedanken und Erkenntnissen. Er beschreibt eindringlich den Lebenslauf von Wilber bis in die Gegenwart, die Motive, die Wilber zur Auswahl seiner Themen veranlasst haben, die intellektuellen und persönlichen Krisen seines Lebens und nicht zuletzt seine persönliche spirituelle Erfahrung. Frank Visser hat Wilber in der Vorbereitungszeit zu diesem Buch einige Male persönlich besucht und ausführliche Interviews mit ihm geführt.

Durch Energieheilung zu neuem Leben

Atlas der Psychosomatischen Energetik

3. Auflage

Dr. med. Reimar Banis

Hardcover, 408 Seiten, Großformat, vierfarbig – ISBN 978-3-936486-15-5

Jeder Mensch, der mehr über sich, seinen unbewussten Charakter erfahren möchte, kann von diesem Buch nur profitieren. Der Leser findet Informationen aus allen Kultur-Epochen und spirituellen Disziplinen über die Lebensenergie, die Chakras und deren herausragende Bedeutung für Gesundheit, Lebensfreude und Sinnfindung im Leben. Der Autor verbindet das naturwissenschaftliche Weltbild mit Erkenntnissen der modernen Energiemedizin und uralter spiritueller Erkenntnisse. Ein neues Weltbild wird sichtbar, in dem die seelische Evolution des Einzelmenschen den eigentlichen Schlüssel darstellt. Dr. Banis schildert ein neues, einfaches System der Energiemedizin, das er entdeckt hat, um Energieblockaden in kürzester Zeit zu erkennen und zu heilen – die Psychosomatische Energetik.

Im Einklang mit der universalen Ordnung

Geistige Gesetze und Lebensweisheiten für den Alltag

Dr. Diethard Stelzl

Hardcover, 332 Seiten, 90 Graphiken – ISBN 978-3-86616-021-7

Der bekannte Bestseller-Autor Dr. Diethard Stelzl legt mit diesem Buch ein weiteres Resultat seiner tiefgründigen Überlegungen und Erkenntnisse vor. Dieses Buch gibt einen Überblick über Entstehung, Entwicklung und Aufbau der Schöpfung, die Entfaltung der menschlichen Kultur und des menschlichen Bewusstseins sowie die kosmischen Kommunikationssysteme und leitet daraus wichtige geistige Gesetze und kosmische Prinzipien ab, die nach einem „göttlichen Plan" das Sein bestimmen, dem Menschen aber auch die Freiheit geben, im Einklang mit dieser universalen Ordnung seine einzigartige, unverwechselbare Identität zu finden. Dem Leser werden sowohl Einsichten in dieses menschliche Urwissen, die „kosmischen Verkehrsregeln", vermittelt als auch Lebensweisheiten für den Alltag empfohlen, mit deren Hilfe er sein Leben jederzeit ändern, in innerem Gleichgewicht und Harmonie zu anhaltender Gesundheit, Erfolg, Glück und Zufriedenheit aufbauen und gestalten kann. Einleuchtend, in logisch-wissenschaftlicher und verständlicher Weise erklärt dieses Buch die großen kosmischen Zusammenhänge.

Quantengeist und Heilung

Auf seine Körpersymptome hören und darauf antworten

Arnold Mindell

Paperback, 296 Seiten – ISBN 978-3-86616-036-1

Quantengeist und Heilung ist Arnold Mindells neues Modell der Medizin, das auf den atemberaubenden Erkenntnissen der Pioniere der Quantenphysik beruht, welche die Landschaft unseres Glaubenssystems beinahe täglich neu gestalten. Mindell, der dort weitermacht, wo C. G. Jung aufhörte, hat sich als führender Experte im Gebrauch von Konzepten aus der Quantenphysik zur Heilung von Geist und Psyche erwiesen. Das Buch geht weit über die Theorie hinaus und stellt einfache Techniken, Übungsanleitungen und präzise Erklärungen wesentlicher Konzepte zur Verfügung, die es jedem Einzelnen ermöglichen, die Wurzeln selbst von chronischen Symptomen und Krankheiten, emotionalen, krankmachenden Mustern freizulegen, zu verstehen und zu beseitigen. Arnold Mindell: „Quantenphysik, die auch Sie anwenden können. Allen Aktionen und Ereignissen im Universum liegt eine Kraft zugrunde. Jeder Mensch besitzt die Fähigkeit, diese anzuzapfen, mit ihr zu interagieren und sie zur Selbstheilung zu benutzen."